Edith Ostermayer
Kleinstkinder achtsam begleiten

Edith Ostermayer

KLEINSTKINDER
achtsam begleiten

**Bildung und Betreuung
von Kindern unter Drei
Beispiele aus Krippe und Kita**

HERDER

FREIBURG · BASEL · WIEN

Im Interesse der besseren Lesbarkeit wird in diesem Buch meist die weibliche
Form (z.B. »Kolleginnen«) gewählt, da die in Kitas vertretenen Berufe prozentual
stärker von Frauen besetzt sind. Männer, die dieses Buch lesen, mögen sich
bitte trotzdem angesprochen fühlen.

Ausführliche Informationen zur Autorin finden Sie unter: www.edith-ostermayer.de

© Verlag Herder GmbH, Freiburg im Breisgau 2010
Alle Rechte vorbehalten
www.herder.de

Umschlaggestaltung: RSRDesign Reckels & Schneider-Reckels, Wiesbaden
Umschlagfoto: Hartmut W. Schmidt, Freiburg
Illustrationen: Ralph Musen, Balingen
Lektorat: Pia Haferkorn, Freiburg (verantwortlich), Stefanie Schaeffler, München

Layout: RSRDesign Reckels & Schneider-Reckels, Wiesbaden
Satz: Arnold & Domnick, Leipzig
Herstellung: fgb · freiburger graphische betriebe
www.fgb.de

Gedruckt auf umweltfreundlichem, chlorfrei gebleichtem Papier
Printed in Germany
ISBN 978-3-451-30336-4

INHALT

VORWORT   **7**

ZUM THEMA   **9**

ZU DIESEM BUCH   **17**

PRAXISBEISPIELE

1. »Wenn Timos Mutter nur loslassen könnte!«   **18**
Anfängliche Ängste und Unsicherheiten von Eltern

2. »Lea ist noch nicht ganz angekommen ...«   **30**
Kinder in der Eingewöhnung einfühlsam begleiten

3. »Man müsste ein Dutzend Arme und Ohren haben!«   **40**
Dem Zuwendungsbedürfnis der Kinder gerecht werden

4. »Das Wickeln kostet sooo viel Zeit!«   **48**
Bedeutung und Chance der beziehungsvollen Pflege

5. »Das kannst du schon ganz alleine!«   **56**
Autonomiebestrebungen von Kleinstkindern unterstützen

6. »Katinka lernt mit Mund und Händen«   **66**
Alle Sinne anregen und die Wahrnehmung fördern

7. »Jakob will es ganz genau wissen ...«   **76**
Den Forschergeist der Kinder anregen und unterstützen

8. »Bei Nele hat sich viel getan!«   **84**
Dokumentation und Austausch in der Erziehungspartnerschaft

ABBILDUNGSVERZEICHNIS   **94**

LITERATURVERZEICHNIS   **94**

Liebe Leserinnen,
liebe Leser,

Sie alle sehen sich in Ihrer täglichen Praxis vor eine Vielfalt von Anforderungen gestellt. In unterschiedlichsten Situationen wird von Ihnen kompetentes Handeln erwartet. Dabei sollen Ihre Aktivitäten stets dem Wohl jedes einzelnen Kindes dienen und ihm eine bestmögliche Unterstützung bieten. Wer diese Anforderung tagtäglich erlebt, weiß, wie schwierig es ist, den Erwartungen gerecht zu werden.

Mit »Kleinstkinder achtsam begleiten« liegt Ihnen nunmehr der dritte Band der praxisorientierten Fachbuchreihe vor, deren Name Programm ist: *KOMPETENZ konkret* möchte Sie in Ihrem pädagogischen Alltag dabei unterstützen, professionell und adäquat zu reagieren und Ihr weiteres Handeln gezielt zu planen.

Der vorliegende Band beleuchtet anhand von typischen Beispielen aus dem Kita-Alltag den Kompetenzbereich »Kinder unter Drei«. Viele der dargestellten Situationen und die damit verbundenen Stolpersteine, Probleme oder Konflikte werden Sie aus eigener Erfahrung kennen. *KOMPETENZ konkret* geht der Frage nach, was dahintersteckt, wenn Situationen mit den Kindern, mit Eltern oder auch im Team nicht optimal verlaufen. Es zeigt Lösungsmöglichkeiten und Handlungsstrategien auf und liefert Ihnen die nötigen Materialien, um ähnlich gelagerte Situationen professionell meistern zu können.

Dieses Buch möchte dazu beitragen, Ihren Blickwinkel auf Frage- und Problemstellungen im Arbeitsalltag zu verändern. Es liefert Ihnen Impulse zur Reflexion über Ihr eigenes pädagogisches Verhalten. Wünschenswert ist, dass durch Ihre persönliche Auseinandersetzung mit den spezifischen Anforderungen an die Betreuung und Bildung von Kleinstkindern auch das Interesse Ihrer Kolleginnen an diesem Thema geweckt wird, so dass sich ein Diskurs im Team entwickeln kann.

Aufgrund eigener langjähriger Erfahrungen in Praxis, Forschung und Weiterbildung weiß ich, wie wichtig praxisnahe und praxistaugliche Publikationen sind. Daher stand meine Entscheidung, die Reihe KOMPETENZ konkret fachlich zu begleiten, schnell fest – und ich freue mich, sie gemeinsam mit praxiserfahrenen, fachlich versierten Autorinnen und Autoren verwirklicht zu sehen.

Ich bin überzeugt davon, dass Sie und Ihre Kolleginnen, die sich tagtäglich der Aufgabe stellen, Bildung und Betreuung von Kindern in Tageseinrichtungen zu ermöglichen, gemeinsam in der Lage sind, gute und wirksame pädagogische Prozesse zu entwickeln.

Hierzu wünsche ich Ihnen bestes Gelingen.

Soest im Frühjahr 2010
Bernd Groot-Wilken

Kinder unter drei Jahren benötigen in Krippe und Kita eine besonders achtsame Begleitung und angemessene Beziehungs- und Bildungsangebote.
Pädagogische Fachkräfte müssen deswegen ein fundiertes Wissen über die
kindliche Entwicklung von der Geburt bis zum dritten Lebensjahr haben.
Deshalb hier ein kurzer Überblick:

Die ersten drei Lebensjahre: zentrale Entwicklungs-
bereiche – markante Entwicklungsschritte

Gerade im ersten und zweiten Lebensjahr entwickeln Kinder sich sehr unterschiedlich und viele Prozesse laufen parallel ab. Wann ein Kind einen Ent-
wicklungsschritt bewältigt, hängt in diesem frühen Alter vom individuellen
Reifungsgrad des Gehirns und von den kulturellen Erfahrungen des Kindes
ab. Es lassen sich deshalb nur vage allgemeingültige Aussagen machen.

Wesentliche Entwicklungsbereiche sind:

- die sozial-emotionale Entwicklung mit der Entwicklung von Bindung,
  der Entwicklung des Ichs und der Entwicklung des Spiels
- die motorische Entwicklung (Bewegung und Sensumotorik)
- die Sprachentwicklung

Auf jeden dieser Bereiche wird weiter unten noch näher eingegangen.

Das Gehirn eines Kindes entwickelt sich aufgrund der Erfahrungen, die das
Kind macht. Deshalb ist es wichtig, dass Kinder in einer vertrauensvollen
Atmosphäre ihre Umgebung eigenständig mit allen Sinnen erforschen und
selbst Gegenstände ausprobieren dürfen und so Zusammenhänge unmit-
telbar erfahren. Nur so lernen sie intensiv und nachhaltig.

Die Neurobiologie hat erkannt, dass es sogenannte Zeitfenster gibt, innerhalb derer bestimmte Inhalte besonders leicht gelernt werden können, die

9

> *»Ein Kind,*
> *das durch selbstständige*
> *Experimente etwas erreicht,*
> *erwirbt ein ganz andersartiges*
> *Wissen als eines, dem die*
> *Lösung fertig geboten wird.«*
> Dr. Emmi Pikler (1902–1984)

aber von Kind zu Kind sehr individuell liegen. Das aktuelle Entwicklungsthema eines Kindes lässt sich also nur ermitteln, indem wir aufmerksam beobachten, womit es sich jeweils beschäftigt.

Kinder benötigen beständige Sozialpartner, die ihren Kontakt mit der sozialen Umwelt begleiten, ihnen die jeweils relevanten Kulturtechniken vermitteln und positive Lernerfahrungen begeistert kommentieren. Die aufrichtige und ungeteilte Zuwendung hat eine enorme Bedeutung für die intellektuelle Entwicklung von Kindern. Nicht alle Kinder erfahren jedoch in ihren Familien emotionale Zuwendung in ausreichender Quantität und Qualität.

Die sozial-emotionale Entwicklung

Ob ein Mensch zuversichtlich durchs Leben gehen und seinen Mitmenschen vertrauensvoll begegnen kann oder nicht, hängt entscheidend davon ab, ob in den ersten Lebensjahren eine tragfähige Grundlage dafür geschaffen wird.

Eine besonders wichtige Entwicklungsaufgabe in den ersten Lebensjahren: der Aufbau von Bindung und Beziehungen

Der Säugling ist auf eine einfühlsame und beständige Versorgung durch andere Menschen angewiesen. Die besondere Beziehung, die ein Kind zu seinen Eltern oder der Person hat, die es ständig betreut, wird Bindung genannt. Dafür gibt es eine biologisch begründete Bereitschaft und Notwendigkeit, wobei die individuelle Bindungsart eines Kindes zu Mutter, Vater oder einer anderen Bezugsperson sehr unterschiedliche Qualitäten haben kann. Der Prozess des Bindungsaufbaus beginnt in den ersten Lebensmonaten und festigt sich bis zum Alter von eineinhalb Jahren immer mehr.

Welche Qualitäten sollte die erwachsene Bindungsperson aufweisen?

Eine Bindungsperson sollte vor allen Dingen zwei Aspekte erfüllen:
Sie sollte dem Kind als sichere Basis dienen und damit emotional verfügbar sein. Das heißt, immer dann, wenn das Kind in emotional belastende Situationen oder in einen Konflikt zwischen Bindungs- und Erkundungsverhalten kommt, kann es bei dieser Person »auftanken«. Darüber hinaus ist entscheidend, mit welchem Grad an individueller Feinfühligkeit die Bindungsperson dem Kind begegnet. Entscheidend dafür ist, dass die Bindungsperson die Signale des Kindes wahrnimmt, sie richtig interpretiert und möglichst schnell und angemessen auf diese reagiert.

Verschiedene Bindungsmuster und ihre Äußerungsformen

Die Bindungsqualität wird gewöhnlich am Grad des Vertrauens des Kindes in die Zuwendung der Bindungsperson gemessen und an der Fähigkeit dieser Person, das Kind in Belastungssituationen zu beruhigen. Die Entwicklungspsychologie unterscheidet dabei mehrere typische Bindungsmuster:

Wenn die primären Bezugspersonen die Signale des Kindes von Beginn an sensibel beachten und angemessen darauf reagieren, entwickelt ein Kind eine sogenannte sichere Bindung.

Die Bindung zu einer Bezugsperson im ersten Lebensjahr ist ein für das Kind existenziell notwendiger Schritt in seiner sozial-emotionalen Entwicklung. Eine sichere Bindung wird aufgebaut, wenn die erwachsene Person die kindlichen Bedürfnisse verlässlich und einfühlsam beantwortet. In angstfreien Situationen zeigt ein sicher gebundenes Kind explorierendes und unbefangenes Spielverhalten. In belastenden Situationen wendet es sich an seine Bezugsperson, in dem Vertrauen und aus der Erfahrung heraus, dass diese es unterstützen und trösten wird. Es kann Kummer und Angst mitteilen, Zuwendung annehmen und im Körperkontakt seine innere Anspannung abbauen. Das Kind entwickelt so ein inneres Bild, demzufolge es liebenswert, wichtig und wertvoll ist. Es weiß, dass es anderen vertrauen und sich auf sie verlassen kann.

Abhängig von den Erfahrungen, die das Kind während seines ersten Lebensjahres mit der Bindungsperson macht, kann aber auch Bindungsunsicherheit entstehen. Man unterscheidet mehrere Varianten unsicherer Bindungsmuster:

Von der unsicher-vermeidenden Bindung spricht man, wenn ein Kind nach einer Trennungssituation erst gar nicht die Nähe der Bindungsperson sucht. Es hat nämlich bereits oft erfahren, dass es in Belastungssituationen nicht verlässlich unterstützt wird, und sich so zurückgewiesen gefühlt. Durch das Vermeiden von Nähe vermeidet ein solches Kind weitere Enttäuschungen. Diese Kinder zeigen oft scheinbar wenig Interesse am Geschehen und gehen Kontakten eher aus dem Weg. Sie spielen demonstrativ alleine und wirken gleichmütig, sind jedoch innerlich stark belastet. Aufgrund ihrer Erfahrungen verleugnen sie ihre Bedürfnisse, um nicht zurückgewiesen zu werden. Sie tun meist, was von ihnen erwartet wird, und zeigen insgesamt ein negatives Selbstwertgefühl.

Wenn Kleinstkinder während und nach der Trennung von der Bindungsperson ein auffälliges und oft auch widersprüchliches Verhalten zeigen, kann man von unsicher-ambivalenter Bindung sprechen. Der unberechenbare Umgang der Bindungsperson mit den Bedürfnissen des Kindes lässt dieses sehr schnell verzweifeln und extrem reagieren. Aus Angst, die Bindungsperson zu verlieren, lässt das Kind sie kaum aus den Augen. Es reagiert bei Trennungen mit Schreien und Weinen und klammert sich an die Bindungsperson. Kommt sie nach einer gewissen Phase der Trennung zurück, zeigt das Kind zuweilen seinen Ärger und lehnt Nähe ab. Da das Kind nie weiß, was es zu erwarten hat, hat es Angst, eine Gelegenheit der Zuneigung zu verpassen, und gerät so in starke Abhängigkeit zur Bindungsperson.

In den letzten Jahren wurde ein weiterer, bislang nicht definierter Bindungstyp formuliert: die desorganisierte Bindung. Kinder mit diesem Bindungsmuster zeigen häufig ein extrem widersprüchliches Verhalten, und zwar nicht nur in Belastungssituationen. Sie erscheinen in einem ständigen Konflikt zwischen dem Wunsch nach Kontakt und Angst vor der Bindungsperson. Die Bindungsforschung geht von einem häufigen Zusammenhang mit Erfahrungen von Vernachlässigung und Missbrauch aus. (Zu Bindungs- und Beziehungsaspekten siehe die Praxisbeispiele 1 bis 4.)

Die Entwicklung des Ich

Mit jeder Erfahrung, die das Kind im Alltag bezüglich seiner Kompetenzen macht, prägt es ein Bild seines Selbst. Es erkennt sich selbst zunehmend als eigenständige Persönlichkeit und tritt immer mehr aus der anfänglichen Mutter-Kind-Symbiose heraus. Zu Beginn des dritten Lebensjahres ist die Entwicklung des Ich-Bewusstseins im Allgemeinen abgeschlossen und das Kind spricht von sich als »Ich«. Es ist bestrebt, selbstständig und ohne Hilfe Erwachsener zu handeln. Man spricht in dieser Phase auch vom Trotzalter. Es ist geprägt von intensiven Autonomiebestrebungen. Das Kind verteidigt seinen Besitz und testet aus, was geschieht, wenn es anderen etwas wegnimmt. (Zur kindlichen Autonomie siehe Praxisbeispiel 5.)

Sobald das Kind sich selbst als eigenständige Person wahrnimmt und erlebt, wächst seine Fähigkeit, mit anderen mitzuempfinden (Empathie). Es nimmt seine eigenen Gefühle und die von anderen wahr. Dafür benötigt das Kind jedoch Erwachsene, die ihm selbst Einfühlungsvermögen entgegenbringen und es dabei unterstützen, seine Gefühle mit Worten zu beschreiben.

Die Entwicklung des Spiels

Kinder beginnen bereits im frühen Säuglingsalter zu spielen. Sie greifen nach ihren Händen, Fingern, Füßen, nach Nase und Ohren und trainieren spielerisch deren Funktionen. Deshalb spricht man von Funktionsspiel. Die nächsthöhere Spielform ist das Hantieren mit Objekten wie Rassel, Tüchlein etc., bis schließlich zwei oder mehr Spielobjekte in Verbindung zueinander gebracht werden und das Kind mehrere Bausteine aufeinanderstapeln kann. Das Spielverhalten wird nun permanent ausgebaut, das Spielzeug immer wieder gewechselt und die Aufmerksamkeitsspanne zunehmend größer. Ein besonders beliebtes Spielvorhaben ist im zweiten Lebensjahr das Ordnen von Gegenständen nach Größe, Farbe oder Form, was sich bis ins dritte Lebensjahr hineinzieht.

Neben das Funktionsspiel im ersten Lebensjahr tritt allmählich das Parallelspiel mit anderen Kindern. Auch erste Formen von symbolischem Spiel sind zu beobachten, in dem Kinder Gegenstände zum Teil zweckentfremden und diesen, oftmals im spontanen Wechsel, unterschiedliche Funktionen und Bedeutungen zuweisen. Diesem Spiel wohnt eine hohe Kreativität inne. Im symbolischen Spiel ahmen Kinder Handlungsweisen von Erwachsenen nach und bauen dadurch ihr eigenes Verhaltensrepertoire aus.

Spielen stellt in diesem Entwicklungsalter eine Form für vielfältige Erfahrungen und Lernprozesse dar. Insbesondere bei jüngeren Kindern setzt es einen ausgeglichenen Zustand voraus. Ist das Kind müde, hat es Hunger oder gar Angst, kommt kein Spiel zustande.

Mit Voranschreiten seiner Entwicklung spielt das Kind immer ausdauernder und baut im Spiel zunehmend Sozialkontakte auf. Das symbolische Spiel wird weiter verfeinert, verschiedene soziale Rollen werden nachgespielt. Darüber hinaus erstellt das Kind nun einfache Bauten aus Bauklötzen und spielt gleichzeitig mit mehreren Gegenständen. Gegen Ende des dritten Lebensjahres gibt es dann auch freiwillig Spielsachen ab.

Die motorische und sensumotorische Entwicklung

Ein zentraler Meilenstein in der kindlichen Entwicklung ist der Beginn der selbstständigen Bewegungsentwicklung. Vom Bewegen und Berühren der eigenen Körperteile über das Anheben des Kopfes aus der Bauchlage heraus bis zum eigenständigen Umdrehen des Körpers entwickelt das Kind weitere Bewegungsformen wie das Robben, Kriechen und Krabbeln bis hin zum Sitzen und Sich-Aufrichten.

Ab dem 4. Lebensmonat etwa ist ein Kind in der Lage, einen Gegenstand von einer in die andere Hand zu nehmen. Es schaut fallenden Gegenständen nach und sucht nach vermissten Gegenständen. Darüber hinaus kann es seinen Blick bewusst auf bestimmte Dinge lenken und Ursache und Wirkung erkennen. Wahrnehmungseindrücke werden zunehmend mit motorischen Fertigkeiten koordiniert und Saug-, Greif- und Schluckreflexe erprobt. Erst durch dieses Wahrnehmen mit allen Sinnen wird dem Kind ganzheitliches Lernen ermöglicht.

Im zweiten Lebensjahr baut das Kind seine Bewegungsmöglichkeiten und feinmotorischen Fähigkeiten weiter aus. Zwischen dem 11. und 17. Lebensmonat fängt es an, selbstständig zu laufen, auf Stühle zu klettern und kleine Hindernisse im Raum zu überwinden. Es kann einen kleinen Ball mit einer Hand werfen und ab Mitte des zweiten Lebensjahres auf der Stelle hüpfen. Gegen Ende des zweiten Lebensjahres kann es bereits einzelne Seiten im Buch umblättern und in der Regel ohne Hilfe laufen und eine Treppe (mit Zwischenschritt) hinaufsteigen.

Kurz vor Ende des dritten Lebensjahres können die Kinder zuweilen schon nach Merkmalen wie viel/wenig und hoch/niedrig unterscheiden. Sie lernen anhand sprachlicher Symbole oder Begriffe zu denken und dieses Denken gezielt in Handlungen umzusetzen.

Die Sprachentwicklung

Bereits von der ersten Stunde seines Lebens an und durch die Begegnung mit seinen ersten Bezugspersonen werden wichtige Grundlagen für das Sprechen des Kindes gelegt. Hierbei spielt die Art, wie Eltern mit dem Kind sprechen eine bedeutende Rolle. Aber auch die Art, wie sie ihr Kind berühren, tragen etc., gibt dem Kind Informationen darüber, wie seine soziale Umwelt zu ihm steht und ob es ihr vertrauen darf. Kinder im ersten Lebensjahr erwerben somit auch passiv Sprache. Sie können verbale und nonverbale Äußerungen zunehmend interpretieren. Schließlich entwickeln sie selbst Laute, sie gurren und quietschen, prusten, pusten und lallen. Sie plappern Silben nach und können ihre Stimme so modulieren, dass sich daraus ihre Gemütslage erschließen lässt. Im letzten Drittel des ersten Lebensjahres verstehen sie bereits ihren Namen und einfache Aufforderungen (wie »Gib mir ...«).

Mitte des zweiten Lebensjahres erfolgt dann die sogenannte »Wortschatzexplosion«. Das Kind hat bis dahin im Durchschnitt 50 Wörter gelernt. Jetzt geht es geradezu auf Wörtersuche, zeigt auf alles und erfragt den Begriff für das entsprechende Objekt. Eigene Äußerungen unterstützt es durch Gesten und begleitet umkehrt zunehmend seine Handlungen durch Sprache. Bis zum Ende des zweiten Lebensjahres wächst der kindliche Wortschatz weiter, bis er schließlich ca. 100 bis 200 Wörter umfasst.

Beim Spracherwerb lernen Kinder in der Regel zunächst Wörter für Objekte, dann für Objekteigenschaften und dann erst Verben. Einzelne Wörter werden schließlich zu Zwei- und Dreiwortäußerungen zusammengefügt, mit denen das Kind z.B. Wünsche äußert. Schon bald verwendet das Kind zusammengesetzte Sätze, berichtet über eigene Erlebnisse und stellt Fragen. Gegen Ende des dritten Lebensjahres ersetzt es manche Spielhandlungen durch Worte. In dieser Phase fragt es zunehmend: »Warum?« Das Kind benutzt Sprache nun gerne zu Selbstgesprächen und verwendet erstmals die Bezeichnungen »Du« und »Ich«. Gegen Ende des dritten Lebensjahres umfasst der kindliche Wortschatz dann ca. 500 Wörter.

Die Kenntnis der hier beschriebenen Entwicklungsbedingungen macht es Erzieherinnen leichter, adäquat auf die Bedürfnisse von Kleinstkindern einzugehen. Die praktische Umsetzung im Alltag von Kindertagesstätte und Krippe wird in den Fallbeispielen im folgenden Hauptteil dieses Buchs behandelt.

In diesem Buch wird anhand einer Auswahl von Fallbeispielen aus der Praxis aufgezeigt, wie Kleinstkinder im Alltag einer Kinderkrippe oder Kita achtsam in ihren Bildungs- und Entwicklungsprozessen begleitet werden können.

Die acht Kapitel sind nach folgendem Schema aufgebaut:

1. Ein einleitendes Fallbeispiel schildert eine typische Situation in Krippe oder Kita mit ihren besonderen Anforderungen im Hinblick auf eine achtsame Begleitung der beteiligten Kinder.

2. Unter der Überschrift »Was ist hier passiert?« wird analysiert, wie gut die Situation im Fallbeispiel zu einer achtsamen Begleitung der Kinder genutzt wurde.

3. Unter der Überschrift »Wie kann es besser laufen?« werden die für die Situation relevanten theoretischen Grundlagen erläutert und konkrete Handlungsvorschläge gemacht, wie eine achtsame Begleitung hier optimiert werden kann.

Die ersten vier Kapitel befassen sich mit praktischen Aspekten der Beziehungsarbeit in Kita und Krippe. In den Kapiteln fünf bis sieben geht es um Autonomie-, Wahrnehmungs- und Bewegungsförderung. Und Kapitel acht gibt Tipps zur Dokumentation von Entwicklungs- und Lernprozessen, auch im Hinblick auf die Erziehungspartnerschaft mit den Eltern.

Dieses Buch richtet sich an alle pädagogischen Fachkräfte, die in Kindertageseinrichtungen und Krippen arbeiten, gleich welche Berufsausbildung oder welches Geschlecht sie haben. Der besseren Lesbarkeit halber wird auch häufig der Begriff »Erzieherin« benutzt, der hier ausnahmsweise nicht nur das eigentliche Berufsbild der Erzieherin, sondern ebenfalls alle pädagogischen Berufe in Kitas und Krippen einschließen soll.

1

»Wenn Timos Mutter nur loslassen könnte!«

Anfängliche Ängste und Unsicherheiten von Eltern

*D*er eineinhalbjährige Timo soll ab Juni in die Krippengruppe aufgenommen werden. Claudia wird als Bezugserzieherin die Eingewöhnung von Timo übernehmen und bittet deswegen Timos Mutter drei Wochen vorher zum Eingewöhnungsgespräch. Sie erklärt dabei, wie die elternbegleitete und bezugspersonenorientierte Eingewöhnung, die in der Kita praktiziert wird, ablaufen soll.

Doch bereits in den Anfangstagen der Eingewöhnung zeigen sich erste Schwierigkeiten. Die Mutter hält sich während ihrer Anwesenheit in der Gruppe nicht an die getroffenen Vereinbarungen. Es gelingt ihr nicht, lediglich beobachtend anwesend zu sein, sondern sie nimmt Spielobjekte aus der Gruppe, zeigt sie ihrem Sohn und bietet sich als seine Spielpartnerin an. Das führt dazu, dass Timos Aufmerksamkeit vorwiegend auf die Mutter gelenkt ist. Als nach ein paar Tagen die ersten Trennungsversuche von Timo und seiner Mutter durchgeführt werden, hält sich die Mutter nicht an die mit der Erzieherin vereinbarte Trennungszeit. Sie kommt regelmäßig viel früher in die Gruppe zurück als besprochen. Claudia versäumt es, rechtzeitig mit der Mutter ein klärendes Gespräch zu führen, und stellt nach einiger Zeit frustriert fest, dass das Verhalten der Mutter verhindert hat, dass sie selbst Kontakt zu Timo aufbaut.

Was ist hier passiert?

*D*ie oben beschriebene Situation ist vielen pädagogischen Fachkräften bekannt. Die Anwesenheit von Eltern während der Eingewöhnung ihres Kindes in die Krippen- oder Kindergartengruppe gestaltet sich öfters schwierig. Im vorliegenden Beispiel stellt sich die Problemlage wie folgt dar:

Die Kita hat das Vertrauen von Timos Mutter noch nicht gewonnen.
Das Verhalten der Mutter zeigt, dass die Kindertagesstätte offensichtlich weder beim Erstkontakt noch beim Eingewöhnungsgespräch vollständig

ihr Vertrauen gewinnen konnte. Claudia hat zwar das in der Kita praktizierte elternbegleitete und bezugspersonenorientierte Eingewöhnungsmodell und die ihr selbst und der Mutter dabei zugewiesenen Rollen kurz vorgestellt, es ist aber offensichtlich nicht gelungen, die Mutter wirklich »ins Boot zu holen«. Ängste und Bedenken der Mutter kamen nicht zur Sprache.

Die Mutter fühlt sich in der ihr zugewiesenen Rolle nicht wohl.
Timos Mutter fühlt sich in der ihr zugewiesenen, »nur« passiv beobachtenden Rolle sichtlich unwohl. Sie ist es seit seiner Geburt gewohnt, ihn zu unterstützen und ihm den Übergang in fremde Situationen zu erleichtern, so dass sie ihm auch jetzt aktiv dabei helfen will, Kontakt zur neuen Umgebung und den neuen Kindern aufzubauen.

Vielleicht hat die Mutter Angst, dass Timo sich ihr entfremdet.
Manchmal haben Eltern auch Angst, ihr Kind an die pädagogische Fachkraft zu »verlieren«. Sie wünschen sich zwar einerseits, dass diese durch den regelmäßigen Aufenthalt ihres Kindes in der Krippe zu einer wichtigen Bezugsperson für das Kind wird, fürchten aber gleichzeitig, dass ihnen in Zukunft jemand die Zuneigung des Kindes streitig machen könnte. So spielen Konkurrenzängste in vielen Eingewöhnungssituationen eine Rolle. Manche Eltern haben auch ein schlechtes Gewissen, wenn sie ihr Kleinkind schon früh über längere Zeit des Tages in Fremdbetreuung geben müssen, und geraten so in innere Konflikte.

Claudia versäumt es, frühzeitig ein klärendes Gespräch mit der Mutter zu führen.
Als Claudia bemerkt, dass es Timos Mutter nicht gelingt, ihr Kind loszulassen, und damit eine Kontaktaufnahme zwischen ihr als Bezugserzieherin und Timo fast unmöglich macht, schafft sie es (wahrscheinlich aus falsch verstandener Rücksichtnahme den Gefühlen der Mutter gegenüber) nicht, mit ihr ein klärendes Gespräch zu führen.

Wie kann es besser laufen?

Es gibt die verschiedensten Gründe, warum Eltern Schwierigkeiten haben, ihr Kind beim Übergang in die Kita oder Krippe loszulassen und ihm sozusagen die innere Erlaubnis zu geben, sich in der neuen Umgebung wohlzufühlen. Neben allgemeinen Trennungsängsten oder einem Gefühl der Konkurrenz mit der Erzieherin um die Liebe des Kindes können auch innere Konflikte der Mutter dafür verantwortlich sein, z. B. wenn sie sich selbst in ihrer Doppelrolle als Mutter und berufstätige Frau noch nicht eingefunden hat oder mit Haltungen in ihrem sozialen Umfeld (bzw. der Gesellschaft allgemein) konfrontiert wird, in denen leider auch heute noch manchmal arbeitende Mütter als »Rabenmütter« angesehen werden. Wie kann nun dieser entscheidende Schritt des Übergangs von der Eigen- zur Fremdbetreuung für eine Familie trotzdem möglichst problemlos gestaltet werden?

Der erste Eindruck ist entscheidend

Bereits der erste Kontakt der Eltern mit der Einrichtung kann ausschlaggebend dafür sein, ob sie Vertrauen in die Einrichtung und das pädagogische Personal setzen können. Sie sollten bereits beim ersten Informationsgespräch und einer Führung durch das Haus den Eindruck bekommen, dass sie als Eltern und Erziehungspartner wahr- und ernst genommen werden und dass es den Fachkräften in der Einrichtung wichtig ist, ein offenes und vertrauensvolles Verhältnis zu den Familien zu pflegen. Die Art und Weise, wie die konzeptionelle Arbeit des Hauses transparent gemacht und die Räumlichkeiten vorgestellt werden, können diesen Prozess sehr deutlich unterstützen.

Wichtig: ein vertrauensvolles Anmeldungs- und Aufnahmegespräch

Die Leitung der Kindertageseinrichtung oder Krippe und/oder die Bezugserzieherin des neu aufzunehmenden Kindes sollten mit den Eltern bei der Anmeldung und vor der Eingewöhnung ein Gespräch führen, bei dem über das Kind, den Verlauf seines bisherigen Lebens, seine familiäre Situation, aber auch über gesundheitliche Belange, Gewohnheiten und Vorlieben des

Kindes gesprochen wird. Dabei ist es hilfreich, wenn die Eltern vor dem Gesprächstermin einen Fragebogen erhalten, anhand dessen sie sich vorbereiten können. Das signalisiert, dass es den Fachkräften wichtig ist, dass die Eltern sich aktiv in die Zusammenarbeit einbringen, dass man Wert darauf legt, ihre Perspektive zu hören, und dass man ihre Erfahrungen mit ihrem Kind ernst nimmt. Außerdem demonstrieren die pädagogischen Fachkräfte ein aufrichtiges Interesse daran, das Kind und seine individuellen Gewohnheiten kennen zu lernen. Ein derartiger Fragebogen gibt dem Aufnahmegespräch einen besonderen Stellenwert und einen professionellen Rahmen. Ein Muster findet sich am Ende dieses Kapitels (*siehe Seite 27ff.*).

Das Aufnahmegespräch sollte vor allem auch dafür genutzt werden, die Eltern danach zu fragen, wie es ihnen mit der Situation geht, dass ihr Kind nun bald für einige Stunden des Tages nicht mehr in ihrer Obhut ist. So erhalten die Eltern Gelegenheit, über ihre eigenen Unsicherheiten, Ängste, Zweifel und Bedenken zu sprechen. Das setzt jedoch bei den pädagogischen Fachkräften eine Haltung voraus, die nicht wertend, sondern einfühlsam, offen und vertrauensvoll ist. Selbst wenn Eltern sich zu diesem Punkt nicht äußern können oder wollen, ist es hilfreich, wenn pädagogische Fachkräfte den Eltern gegenüber betonen, dass sie nicht die Absicht haben, ihnen ihr Kind zu entfremden. Sie sollten aber auch erklären, wie wichtig es ist, dass ihr Kind zu der neuen Bezugsperson eine gute und tragfähige Beziehung aufbaut, weil das für sein Wohlbefinden, für seine Gesundheit und seine weitere Entwicklung äußerst wichtig ist.

Die Bezugserzieherin sollte den Eltern erläutern, dass sie sie über die täglichen Ereignisse, aber auch über die Entwicklung ihres Kindes konstant informieren wird. So wird Transparenz geschaffen und es wird deutlich, dass es der Erzieherin wichtig ist, mit den Eltern gemeinsam daran zu arbeiten, dass sich ihr Kind in der Krippe wohl fühlt.
Über derartig offene Gespräche und Angebote zu einer aufrichtigen Erziehungspartnerschaft können Eltern Vertrauen entwickeln. Nur wenn die Eltern ein gutes Gefühl und Vertrauen in die neue Umgebung ihres Kindes

haben, kann sich das Kind wohlfühlen, denn Kinder spüren, ob das Verhältnis zwischen Eltern und pädagogischen Fachkräften gut ist.

Zusätzlich können bei diesem Termin auch formale Belange rund um die Aufnahme besprochen werden (Aufnahmevertrag, Utensilien, die für das Kind mitgebracht werden sollten, etc.).

Die elternbegleitete und bezugspersonenorientierte Eingewöhnung

Wenn das Kind aus seiner vertrauten familiären Umgebung in die Kindertageseinrichtung oder Krippe kommt, muss dort eine Erzieherin zu seiner Bezugs- oder sogar Bindungsperson werden, damit das Kind in seiner psychischen und physischen Entwicklung nicht gefährdet ist. Dazu braucht es jedoch die Hilfe einer primären Bindungsperson, was in der Regel die Eltern sind. Das Kind muss also in den ersten Wochen der Fremdbetreuung von einem Elternteil begleitet werden. Seine Bezugserzieherin kann dann in dieser Phase allmählich Kontakt zu ihm aufbauen.

Die elternbegleitete Eingewöhnung dauert so lange an, bis das Kind Vertrauen zu seiner Bezugserzieherin aufgebaut hat und sich von ihr wickeln, füttern und in den Schlaf begleiten lässt. Es sollte zunehmend länger ohne seine Eltern auskommen können, wobei hier unbedingt das Entwicklungsalter des Kleinstkindes zu berücksichtigen ist. Kinder unter einem Jahr sollten die Einrichtung möglichst nicht länger als halbtags besuchen.

Für das Gelingen der Eingewöhnung ist neben der Elternbegleitung die Bezugspersonenorientierung von hoher Bedeutung. Die eingewöhnende Erzieherin sollte der jeweiligen Krippen- oder Kindergartengruppe fest zugewiesen sein und während der Eingewöhnungsphase nie wegen Urlaub oder Fortbildung fehlen (in der Organisation unbedingt berücksichtigen!). So erfährt das Kind Orientierung, Schutz und Halt, kann allmählich Vertrauen in die neue Umgebung und Situation gewinnen und den Übergang in die Fremdbetreuung bewältigen. Und auch für Eltern ist es wichtig, eine konstante Bezugsperson und eine vertraute Ansprechpartnerin zu haben.

23

Der Kontakt des Kindes zur Bezugsperson in Kita oder Krippe muss sanft und allmählich aufgebaut werden. Dabei sollte die pädagogische Fachkraft immer den Impulsen des Kindes und seinen Kontaktangeboten folgen. Sie darf sich dem Kind auf keinen Fall aufdrängen oder gar übergriffig werden. Fachkraft und Kind müssen die Chance bekommen, sich einander langsam annähern zu können. Die Eltern sollten die Fachkraft dabei unterstützen. Wenngleich auch die Perspektive der Eltern berücksichtigt werden muss, steht doch das Wohl des Kindes im Vordergrund und die Erzieherin muss Raum und Möglichkeiten zu einer ungestörten Kontaktaufnahme zwischen ihr und dem Kind schaffen. Dieser Aspekt muss Eltern im Vorab deutlich gemacht werden.

Das Berliner Eingewöhnungsmodell

Das bekannteste elternbegleitete und bezugspersonenorientierte Eingewöhnungsmodell stammt vom Institut für angewandte Sozialisationsforschung (INFANS) in Berlin.

Dabei begibt sich in einer dreitägigen Grundphase die Bezugsperson des Kindes (in der Regel Mutter oder Vater) für etwa eine Stunde mit dem Kind in den Gruppenraum und verhält sich zwar passiv-beobachtend, ist aber jederzeit als »sicherer Hafen« für das Kind verfügbar. Die Bezugserzieherin nimmt behutsam Kontakt auf, indem sie z.B. am Spiel des Kindes teilnimmt, ohne es zu bedrängen. Am vierten Tag erfolgt der erste, höchstens 30-minütige Trennungsversuch, der sofort abgebrochen wird, wenn das Kind weint und sich nicht von der Erzieherin beruhigen lässt oder andere extreme Reaktionen zeigt. Danach wird die Entscheidung für eine kürzere (etwa sechs Tage dauernde) oder längere (zwei bis drei Wochen dauernde) Eingewöhnungsphase getroffen.

Hat das Kind die Trennung am vierten Tag gut verkraftet, wird die Trennungsphase am fünften und sechsten Tag ausgedehnt. Die Bezugsperson entfernt sich dabei nur aus dem Raum, aber nicht aus der Kita oder Krippe. In der darauffolgenden Phase hält sich die Bezugsperson nicht mehr in der Einrichtung auf, ist aber jederzeit telefonisch erreichbar. Schlägt der Trennungsversuch am vierten Tag fehl, wird frühestens am siebten Tag ein erneuter Versuch durchgeführt.

Sofort handeln, wenn es schwierig wird!

Wenn sich wie in unserem Beispiel Schwierigkeiten ergeben, ist es Aufgabe der Erzieherin, notfalls auch der Leiterin, erneut das Gespräch mit den Eltern zu suchen. Die Mutter kann auf die Beobachtungen der Erzieherin während der Besuchszeiten aufmerksam gemacht werden und an die Vereinbarungen aus dem Eingewöhnungsgespräch erinnert werden. Auch sollte betont werden, dass sie ihrem Kind am besten hilft, wenn sie ihm erlaubt, Kontakt mit der Fachkraft und anderen Kindern aufzubauen.

Notfalls die Eingewöhnung vertagen

Wenn es der Bezugsperson, wie in unserem Beispiel, sehr schwer fällt und nach wiederholten Gesprächen immer noch nicht gelingt, die Trennungszeiten einzuhalten oder sich während ihrer Anwesenheit in der Gruppe zurückzunehmen, sollte überlegt werden, ob nicht das andere Elternteil oder eine dritte, dem Kind ähnlich vertraute Person die Eingewöhnung begleitet. Ist auch dies nicht möglich oder wird von dem entsprechenden Elternteil abgelehnt, liegt es nahe, zu empfehlen, das Kind erst dann in eine außerfamiliäre Betreuung zu geben, wenn die Bindungsperson selbst dazu bereit ist. Damit sollen die Eltern keineswegs unter Druck gesetzt werden, aber es muss klargemacht werden, dass das Kind kaum eine Chance hat, sich in der neuen Umgebung wohl zu fühlen und dort Vertrauen zu fassen, wenn die Bindungsperson noch nicht zu einer Trennung bereit ist. Eine Eingewöhnung unter ungünstigen Umständen schadet dem Kind.

Der tägliche Umgang miteinander zählt

Wichtig für den Aufbau von Vertrauen ist, wie die täglichen Begegnungen zwischen der pädagogischen Fachkraft und dem Kind wie auch zwischen der Fachkraft und den Eltern gestaltet werden. Hier ist z.B. entscheidend, wie die Erzieherin morgens das Kind und auch das begleitende Elternteil begrüßt. Begegnet sie ihnen offen und positiv? Spricht sie das Kind und das Elternteil mit Namen an? Zeigt sie aufrichtiges Interesse an beiden? Wie leitet sie von der Begrüßung über zur anschließenden Situation in der Gruppe oder dem Tagesgeschehen?

Genauso wichtig ist, wie die pädagogische Fachkraft den Eltern begegnet, wenn sie nach der Trennungsphase in die Gruppe zurückkehren oder ihr Kind abholen. Sie sollte von sich aus kurz über die vergangene Trennungsphase berichten. Eltern wollen und sollen dann erfahren, wie es ihrem Kind in dieser Zeit ergangen ist, ob es besondere Vorkommnisse gab, ob das Kind gegessen und getrunken hat, etc. Transparenz und Wertschätzung tragen maßgeblich zur Vertrauensbildung und zu einer gelingenden Erziehungspartnerschaft mit den Eltern bei.

LEITFADEN FÜR DAS AUFNAHMEGESPRÄCH

Das Aufnahmegespräch führt in der Regel die Leitung der Kindertageseinrichtung. Günstig ist, wenn auch die zukünftige Bezugserzieherin mit dabei ist, da diese für Kind und Eltern die wichtigste Ansprechpartnerin sein wird. In Einrichtungen mit offenen Arbeitskonzepten sollte die Bezugserzieherin selbstverständlich dabei sein. In manchen Einrichtungen führt dieses Gespräch auch die Bezugserzieherin alleine.

- Begrüßung: Die Eltern sollen sich willkommen fühlen. Ziel und Zeitrahmen des Gespräches werden besprochen.
- Die Kindertageseinrichtung wird vorgestellt, die pädagogische Konzeption wird dargelegt. (Manchmal erfolgt dies bereits bei einem Informationsbesuch der Eltern durch die Leitung.)
- Die Gestaltung der Eingewöhnung wird vorgestellt. Manche Einrichtungen sehen für das Eingewöhnungsgespräch selbst übrigens einen separaten Termin vor.
- Es werden Informationen über das Kind zwischen Eltern und Erzieherin/Leitung ausgetauscht. Grundlage dafür kann ein Fragebogen sein, der den Eltern im Vorab zur Vorbereitung ausgehändigt wurde (*siehe Seite 27*).
- Die Eltern erhalten Informationen über notwendige Utensilien für das Kind in der Kindertageseinrichtung (Wechselwäsche, Windeln, Pflegeutensilien, Regenkleidung, Hausschuhe etc.).
- Die Personalien von Kind und Eltern werden erhoben; die Aufnahmeformalitäten werden erledigt.
- Verabschiedung

Abbildung 1:
Leitfaden für das Aufnahmegespräch

FRAGEBOGEN FÜR ELTERN ZUR VORBEREITUNG AUF DAS AUFNAHMEGESPRÄCH

1. In welcher Familienkonstellation wächst Ihr Kind auf?

. . . .

2. Hat Ihr Kind bereits Erfahrungen in der Fremdbetreuung gemacht? Welche?

. . . .

3. Ist es eher zurückhaltend oder geht es auf andere Menschen, insbesondere Kinder, schnell zu?

. . . .

4. Wie sieht der Tagesablauf Ihres Kindes aus?

. . . .

5. Hat es einen bestimmten Schlafrhythmus? Schläft es durch? Richten Sie sich eher nach dem Schlafbedürfnis Ihres Kindes oder legen Sie feste Schlafzeiten fest?

. . . .

6. Gibt es Rituale, die Ihrem Kind Sicherheit vermitteln (z.B. beim Essen, bei der Pflege, beim Einschlafen, beim Aufwachen, beim Anziehen etc.)?

. . . .

7. Hat Ihr Kind einen Lieblingsgegenstand (Kuscheltier oder sonstiges Spielzeug, Schnuller, Schmusetuch, Kissen, Schlafanzug), der als Übergangsobjekt dienen kann und den es mitbringen darf?

. . . .

8. Womit spielt Ihr Kind am liebsten? Was macht es besonders gerne?

. . . .

Abbildung 2:
Formular »Fragebogen für Eltern zur Vorbereitung auf das Aufnahmegespräch«

9. Was kann Ihr Kind gut?

. . . .

10. Wird Ihr Kind noch gestillt?

. . . .

11. Welche (Flaschen-)Nahrung bekommt es?

. . . .

12. Was isst, was trinkt Ihr Kind besonders gerne?

. . . .

13. Ist Ihr Kind an bestimmte Essenszeiten gewöhnt?

. . . .

14. Wird es gefüttert oder isst es bereits selbst?

. . . .

15. Isst Ihr Kind gerne oder muss es eher dazu überredet werden?

. . . .

16. Welche Gewohnheiten haben Ihr Kind und Sie bei seiner Pflege? Wird es zu Hause auf der Wickelkommode, auf dem Bett oder auf dem Fußboden gewickelt? Sonstige Gewohnheiten?

. . . .

17. Welche Windeln trägt Ihr Kind normalerweise? Wird es leicht wund?

. . . .

18. Gibt es körperliche, gesundheitliche oder medizinische Besonderheiten bei Ihrem Kind, die wir wissen und berücksichtigen müssen?

. . . .

19. Welche Impfungen hat Ihr Kind bereits?

· ·

20. Welche U-Untersuchungen hat es? Gehen Sie regelmäßig zu den U-Untersuchungen?

· ·

21. Welche Regeln gibt es für das Kind in der Familie?

· ·

22. Bei interkulturellem Hintergrund der Familie: In welcher/n Sprache/n wird in Ihrer Familie gesprochen?

· ·

23. Was ist Ihnen für Ihr Kind und seine Entwicklung besonders wichtig?

· ·

24. Welche Werte wollen Sie Ihrem Kind vermitteln?

· ·

25. Welche Ziele, Wünsche und Erwartungen haben Sie an uns als Kindertageseinrichtung/Krippe?

· ·

26. Wie stellen Sie sich unsere Zusammenarbeit vor?

· ·

27. Geben Sie Ihr Kind schweren Herzens in die Fremdbetreuung? Ist es für Sie eher ein Notbehelf oder erwarten Sie auch positive Impulse für das Kind?

· ·

2.

»Lea ist noch nicht ganz angekommen ...«

Kinder in der Eingewöhnung einfühlsam begleiten

*D*ie eineinhalbjährige Lea soll in die Krippengruppe aufgenommen werden. Ihre Mutter, die sie bei der Eingewöhnung begleitet, kommt mit ihrer passiv-beobachtenden Rolle gut zurecht. Lea holt sich immer wieder einzelne Gegenstände aus der neuen Umgebung zum Spielen. Ihre Mutter scheint sie dabei gar nicht zu beachten. Die vorsichtigen Spielangebote, mit denen Isabell, ihre Bezugserzieherin, langsam an sie herantritt, ignoriert sie völlig. Offensichtlich will sie allein spielen, und da sie mit dieser Situation zufrieden scheint, vereinbart Isabell mit der Mutter den ersten Trennungsversuch.

Als der Zeitpunkt der Trennung gekommen ist, erklärt die Mutter Lea, dass sie bald wieder zurückkommen wird, und geht in die Elternecke im Flur. Kaum ist sie draußen, beginnt Lea zu weinen. Sie wird immer verzweifelter und verweigert sämtliche Tröstungsversuche von Isabell. Kurz darauf wird die Mutter wieder in den Raum geholt. Lea klammert sich an sie, lässt sich dann aber bald wieder trösten. Isabell ist über den fehlgeschlagenen Trennungsversuch sehr betrübt und fragt sich, ob die Mutter noch Vertrauen in ihre Kompetenz als Erzieherin haben wird. Außerdem macht sie sich Gedanken, ob sie von Anfang an offensiver auf Lea hätte zugehen sollen, um ihr Vertrauen zu erwerben.

Was ist hier passiert?

Das Kind braucht seine Mutter, obwohl es nicht danach aussieht.
Lea scheint gut mit der neuen Situation zurechtzukommen und wirkt unbelastet. Auch wenn sie noch keinen Kontakt mit der Bezugserzieherin zulässt, spielt sie doch alleine und scheint sich wohl zu fühlen. Beim Trennungsversuch zeigt sich aber, dass das Mädchen seine Mutter sehr wohl noch braucht, um sich in der neuen Umgebung sicher zu fühlen. Es hat noch kein Vertrauen in die neue Bezugsperson aufbauen können, da es bisher noch gar keinen richtigen Kontakt mit ihr zugelassen hat.

Isabell wertet den fehlgeschlagenen Trennungsversuch als ihr persönliches Versagen.

Wenn Kinder vorerst keinen Kontakt haben wollen, fühlt sich die betroffene Fachkraft oft von dem Kind, um das sie sich ihrerseits sehr bemüht, abgelehnt. Manche Erzieherinnen fürchten auch, dass Eltern oder Kolleginnen ein negatives Bild von ihnen bekommen, wenn ein neues Kind nicht bald Vertrauen zu ihnen fasst. Besorgte Fragen vonseiten der Eltern, warum das Kind (noch) nicht mit der Erzieherin spielt, können diese Situation verstärken.

Wie kann es besser laufen?

Da die beiden Erwachsenen in diesem Fallbeispiel alle Kriterien für eine gelungene Eingewöhnung beachtet haben, liegt es nahe, die Ursachen beim Kind selbst zu suchen.

Die innere Bereitschaft für die Kontaktaufnahme mit Fremden ist bei jedem Kind unterschiedlich

Lea bestimmt selbst darüber, wann sie die Bereitschaft dazu aufbringt, mit einer neuen Person in Kontakt zu treten. Jedes Kind hat in diesem Punkt sein ganz individuelles Tempo. Dabei können bisherige Bindungserfahrungen eine Rolle spielen. Insbesondere wenn Kinder mit ihrer primären Bezugsperson unsicher-vermeidend gebunden sind (*siehe Seite 12*), spielen sie in Übergangs- oder Trennungssituationen eher alleine und wirken nach außen unbelastet. Sie zeigen ihre Unsicherheit nicht, da sie zu oft die Erfahrung gemacht haben, dann zurückgewiesen zu werden. Innerlich stehen diese Kinder unter großem Stress und es kostet sie viel Energie, solch ein Anpassungsverhalten zu zeigen. Aus diesem Grund werden solche Kinder mitunter auch nach einigen Wochen in der Fremdbetreuung krank.

Im vorliegenden Beispiel scheint es sich jedoch nicht um ein solches Bindungsmuster zu handeln, denn Lea wirkt erlöst, als ihre Mutter zurückkommt. Unsicher-vermeidend gebundene Kinder scheuen in der Regel die Nähe ihrer Bindungsperson auch nach deren Rückkehr.

Auch das angeborene Temperament und die Persönlichkeit des Kindes können die Ursache dafür sein, dass es nicht schnell Kontakt mit fremden Menschen aufnimmt. Kinder, die von ihrer Anlage her eher unsicher und ängstlich sind, brauchen oftmals länger, bis sie Vertrauen zu anderen Erwachsenen oder auch zu Kindern aufbauen. Gerade dann ist es wichtig, dass die Bezugserzieherin ihnen gegenüber nicht zu forsch auftritt oder übergriffig wird, indem sie das Kind z. B. einfach zu sich heranzieht oder es sich auf den Schoß setzt.

Kinder zeigen in Übergangssituationen unterschiedliche Bewältigungsstrategien

Jedes Kind hat eigene Strategien, wie es mit fremden Situationen umgeht, oder entwickelt sie spätestens jetzt beim Eintritt in eine außerfamiliäre Betreuung. Beispiele für solche Strategien sind:

■ Kontaktvermeidung

Das trifft für Lea zu: Sie spielt für sich, weist die Spielangebote der Bezugserzieherin ab und signalisiert so deutlich: »Lass mich alleine!« Ihre heftige Reaktion auf das Weggehen der Mutter zeigt aber, dass sie beim Spielen sehr wohl registriert hat, dass ihre Bezugsperson anwesend ist und sie beobachtet. Das hat ihr die nötige Sicherheit gegeben, um mit der fremden Situation zunächst auf ihre ganz eigene Weise umgehen zu können.

■ Trostpflaster

Andere Kinder brauchen (oft noch lange nach Abschluss der Eingewöhnung), auch wenn sie sich nur leicht an etwas stoßen, wenn sie stolpern oder hinfallen, sofort ein Pflaster, das dann ein echtes »Trostpflaster« ist. Das Kind erfährt: Wenn ich meinen Schmerz zeige, erhalte ich die volle Zuwendung der Erzieherin. Das Pflaster deckt dann kurzfristig das innere Gefühl der Verlassenheit (durch die Bindungsperson) zu. Da das Kind aber spürt, dass das nicht lange vorhält, muss es immer wieder neue Situationen nutzen (und manchmal auch unbewusst herstellen), um erneut diesen Trost zu erfahren.

33

■ Übergangsobjekte

Manche Kinder bringen auch jeden Tag ihren Teddy oder einen anderen Gegenstand von zu Hause mit in die Krippe oder den Kindergarten und lassen ihn gar nicht mehr los. Diese Gegenstände (sei es ein Kuscheltier, ein »Schnuffeltuch«, eine Bürste von der Mama oder der Schal von Papa) stellen auf indirekte Weise die Beziehung zu seinen primären Bindungspersonen her. Der Duft von »zu Hause«, nach Mama oder Papa, vermittelt dem Kind Geborgenheit und tröstet es über die Dauer der Trennung von seinen Eltern hinweg. Man nennt solche Lieblingsdinge deshalb auch Übergangsobjekte. Sie unterstützen beim Übergang von der vertrauten familiären in die noch fremde außerfamiliäre Umgebung.

Beim Berliner Eingewöhnungsmodell (*siehe Seite 24*) ist ein »missglückter« Trennungsversuch am vierten Tag eine von zwei Ergebnismöglichkeiten und wird als etwas ganz Normales angesehen. Es wäre gut, wenn sich alle an der Eingewöhnung eines Kindes beteiligten Erwachsenen diese Haltung aneignen könnten.

Die Probleme des Kindes nicht persönlich nehmen

Isabell aus unserem Beispiel sollte Leas Weinen in der Trennungssituation keinesfalls als eigenes Versagen interpretieren, noch den Schluss daraus ziehen, dass Lea sie als Person ablehnt. Wenn pädagogische Fachkräfte und Eltern die kindlichen Reaktionen auf neue Situationen nicht persönlich nehmen, kommt auch nicht der Wunsch auf, sie korrigieren oder gar bestrafen zu wollen. Es gilt, das Verhalten des Kindes zunächst vorurteilsfrei wahrzunehmen und zu respektieren. Natürlich ist das eine große Herausforderung für das Selbstbewusstsein und das Vertrauen in die eigene Kompetenz. Wenn Sie sich trotz dieser Überlegungen schwierige Eingewöhnungssituationen sehr zu Herzen nehmen, können Sie sich mit dem Gedanken trösten, dass Ihnen mit jeder durchgestandenen Eingewöhnung ein professioneller Umgang leichter fallen wird.

Geduld ist gefragt

Wenn das Kind erlebt, dass es mit seinem So-Sein angenommen und geliebt wird, auch wenn sein Verhalten für die Erwachsenen womöglich nicht sofort verständlich oder gar unerfreulich ist, kann es nach und nach Vertrauen aufbauen. Das dauert manchmal viele Wochen lang und erfordert viel Geduld und Einfühlungsvermögen.

Auch das stetige Einfordern von »Trostpflastern« kann für Fachkräfte eine Herausforderung an ihre Geduld darstellen. Und es ist auch nicht leicht, ein Kind, das seinen Teddy nicht mehr loslässt, zu wickeln oder zum Essen zu motivieren.

Wichtig ist, dass Erzieherinnen und Eltern dem Kind seine individuelle Zeit zum Vertrauensaufbau lassen. Ebenso muss der Rahmen an Bezugspersonen (Eltern, Erzieherin) verlässlich sein. Die Erzieherinnen müssen trotz aller Schwierigkeiten unbedingt in der Beziehung zum Kind bleiben und ihm immer wieder freundliche und aufrichtige Beziehungsangebote machen, ohne es zu bedrängen.

Die Unterstützung durch andere Kinder nutzen

Manchmal ist es hilfreich, wenn Kontakte zu anderen Kindern in der Gruppe angebahnt werden. Möglicherweise gibt es ein Kind in der Gruppe, das das neue Kind bereits aus einer Krabbelgruppe oder dem Babyturnen kennt. Über solche Kontakte kann dem neuen Kind manchmal das Ankommen und Verweilen in der neuen Umgebung erleichtert werden.

Doch selbst wenn das neue Kind kein anderes kennt, können sich Kinder gegenseitig unterstützen. Entwicklungsähnliche Kinder verfügen nämlich über ganz andere Möglichkeiten der Kontaktaufnahme untereinander (auch im vorsprachlichen Bereich), als sie zwischen Erwachsenen und Kindern möglich sind.

Aus diesem Grund sollte die eingewöhnende Fachkraft immer auch die anderen Kinder als Ressource für die Eingewöhnung im Blick haben. Sie sollte Kontakte unter den Kindern fördern und, falls erforderlich, auch gezielt anbahnen.

Im Dialog mit den Eltern bleiben

In jedem Fall unerlässlich ist der tägliche Austausch mit den Eltern, um zu erfahren, wie es dem Kind geht, wie es sich zu Hause nach dem Aufenthalt in der Einrichtung verhält, ob es besondere Vorkommnisse im familiären Umfeld gab, wie sich die Beziehung der Eltern zum Kind und damit auch ihr Verhalten ihm gegenüber darstellt. So erhält man wichtige Informationen über das Kind, die helfen können, sein Verhalten zu verstehen.

Diese Inhalte sollten nicht erst dann ausgetauscht werden, wenn sich Probleme zeigen, sondern unbedingt schon vor der Eingewöhnung zur Sprache kommen. Während der Eingewöhnung muss jeder neue Schritt mit der Bezugsperson besprochen und gemeinsam durchgeführt werden.

Eltern auf mögliche Schwierigkeiten vorbereiten

Eltern müssen vor Beginn der Fremdbetreuung darüber informiert werden, dass Kinder unterschiedlich mit fremden Situationen umgehen. Zeigt ihr Kind dann ein ungewöhnliches Verhalten, sollten die Eltern darüber aufgeklärt und, wenn nötig, auch beruhigt werden. Die Fachkräfte selbst müssen geduldig, souverän und einfühlsam mit der Situation umgehen, damit ihr eigenes professionelles Verhalten den Eltern als Beispiel dienen kann, wie sie selbst mit der ungewohnten Situation umgehen können.

Das setzt natürlich voraus, dass pädagogische Fachkräfte durch Fortbildungen oder über Fachliteratur die unterschiedlichen Bewältigungsstrategien von Kindern bei der Eingewöhnung oder in anderen Übergangs- oder Krisensituationen kennen lernen. Dazu will dieses Buch einen Beitrag leisten.

Ein Gespräch nach der Eingewöhnung steht für hohe Qualität

Es empfiehlt sich, nach der Eingewöhnung mit den Eltern ein Gespräch zu führen, in dem die Eingewöhnungsphase von Eltern und Erzieherin gemeinsam reflektiert wird. Ein solcher Austausch dient der Vertiefung der Erziehungspartnerschaft. Die Eltern können hierzu durch einen Brief nach folgender Vorlage eingeladen werden:

EINLADUNG ZUM ELTERNGESPRÄCH NACH DER EINGEWÖHNUNG

Liebe Eltern,

seit einigen Monaten ist Ihr Kind nun schon bei uns in der Krippe/Kinderta-gesstätte. Sie haben es bei seiner Eingewöhnung in die neue Umgebung begleitet und waren ihm dabei eine wichtige Stütze. Mittlerweile kommt Ihr Kind alleine, regelmäßig und über die volle von Ihnen benötigte Betreu-ungszeit. Wir betrachten den Eingewöhnungsprozess als abgeschlossen.

Aus diesem Grund möchten wir uns gerne noch einmal mit Ihnen darüber austauschen, wie aus Ihrer Sicht die Eingewöhnung verlaufen ist und wie es Ihnen und Ihrem Kind aktuell mit der Betreuungssituation geht. Bitte füllen Sie dazu den beiliegenden Fragebogen aus und bringen Sie ihn zum Gespräch mit. Wir verstehen dieses Gespräch als ein Qualitätskriterium un-serer Arbeit und als wichtigen Beitrag zur Gestaltung von Erziehungspart-nerschaft.

Wir bitten Sie um Terminvorschläge für dieses Gespräch. Bitte nennen Sie uns auch Uhrzeiten, die für Sie günstig sind, und geben Sie diesen Abschnitt bei ihren Gruppenerzieherinnen ab. Wir werden dann mit Ihnen vereinba-ren, wann das Gespräch stattfinden wird.

Name des Kindes: . . . .

Unsere Terminvorschläge (mit Uhrzeit):

. . . .

. . . .

. . . .

Datum   Unterschrift

Abbildung 3:
Einladung zum
Elterngespräch
nach der Einge-
wöhnung

FRAGEBOGEN FÜR ELTERN ZUR VORBEREITUNG AUF DAS GESPRÄCH NACH DER EINGEWÖHNUNG

Im Folgenden finden Sie Fragen, über die wir uns gerne bei unserem Gespräch über die Eingewöhnung Ihres Kindes austauschen möchten. Sie können dieses Blatt gerne zum Gespräch mitbringen.

1. Kommt Ihr Kind gerne und freiwillig in die Einrichtung?

. . . .

2. Woran merken Sie das?

. . . .

3. Zeigt es zu Hause Widerstände, Unwohlsein, Traurigkeit oder andere Verhaltensauffälligkeiten vor dem Krippen- oder Kita-Besuch?

. . . .

4. Wie geht es Ihrem Kind, wenn es wieder zu Hause ist? (Ist es müde, erschöpft, gut oder schlecht gelaunt, aufgedreht, fröhlich etc.?)

. . . .

5. Hat sich etwas am Verhalten, dem Befinden, der Gesundheit oder Entwicklung Ihres Kindes verändert, seit es in der Krippe/Kita ist?

. . . .

6. Hat sich Ihr Kind Ihrer Wahrnehmung nach gut eingewöhnt?

. . . .

7. Haben Sie den Eindruck, es kann sich bereits gut in den Räumlichkeiten und am Tagesablauf seiner Gruppe orientieren?

. . . .

Abbildung 4:
Formular »Fragebogen für Eltern zur Vorbereitung auf das Gespräch nach der Eingewöhnung«

8. Denken Sie, Ihr Kind findet interessantes Spielmaterial und ausreichen-
   de Spielgelegenheiten und -voraussetzungen sowie andere wertvolle
   Anregungen in seiner Gruppe und unserem Haus insgesamt?

. . . .

9. Was wissen Sie über bisherige Spielkontakte Ihres Kindes in seiner
   Gruppe?

. . . .

10. Haben Sie das Gefühl, dass Ihr Kind bei seiner Bezugserzieherin und den
    anderen Gruppenerzieherinnen gut aufgehoben ist?

. . . .

11. Haben Sie den Eindruck, Sie können mit Ihren Fragen und Anliegen zu
    den Erzieherinnen kommen?

. . . .

12. Wie gehen die Erzieherinnen (oder die Leitung) mit Ihren Fragen, Anlie-
    gen und Anregungen um?

. . . .

13. Gibt es etwas, das Sie sich darüber hinaus von uns wünschen?

. . . .

14. Sind Sie mit Ihrer Entscheidung, Ihr Kind zu uns in die Krippe/Kinderta-
    gesstätte zu geben, zufrieden?

. . . .

Vielen Dank für Ihre Mühe! Wir freuen uns auf das Gespräch mit Ihnen.

Ihre Gruppenerzieherinnen

. . . .

3.

»Man müsste ein Dutzend Arme und Ohren haben!«

Dem Zuwendungsbedürfnis der Kinder gerecht werden

Robin, ein Jahr und acht Monate alt, läuft seiner Erzieherin Lucia schon einige Zeit lang mit demselben Tier-Bilderbuch hinterher. Als Lucia sich hinsetzt, um etwas am Tisch zu sortieren, versucht er, mit dem Buch auf ihren Schoß zu klettern. Lucia möchte zuerst fertig aufräumen und sagt: »Robin, warte bitte mal einen Moment!« Er bleibt erst für einen kurzen Moment ruhig stehen, läuft Lucia aber dann, als sie aufsteht, wieder hinterher. »Robin, einen Moment bitte!«, sagt Lucia wieder. Robin streckt Lucia das Buch entgegen. »Das habe ich dir doch schon so oft vorgelesen. Hol mal etwas anderes. Es gibt doch mehr Sachen, mit denen du gerne spielst.« Dann schiebt sie noch hinterher: »Jetzt spiel mal schön.«
In diesem Moment beginnt ein anderes Kind aus der Gruppe zu weinen und Lucia wendet sich diesem Kind zu. Robin bleibt stehen und lässt das Buch fallen. Erst eine Weile später registriert Lucia, dass Robin gerade nicht alleine spielen kann und ihre Nähe und Zuwendung benötigt. Sie geht direkt auf ihn zu und sagt: »Na komm, Robin! Wo wollen wir uns das Buch anschauen?«

Was ist hier passiert?

Robins Bedürfnis nach Zuwendung wird von Lucia zunächst nicht erkannt. Robin sucht die Nähe seiner Erzieherin. Er ist dabei sehr ausdauernd und gibt nicht so schnell auf. Seine stille, aber deutliche Bitte, vorgelesen zu bekommen, steht für sein Bedürfnis nach ungeteilter Aufmerksamkeit. Lucia erkennt das zunächst nicht, da ihre Aufmerksamkeit erst dem Aufräumen und dann einem anderen weinenden Kind gilt. Sie reagiert, ohne sich ihm wirklich aufrichtig zuzuwenden und schickt ihn mit der Aufforderung »Jetzt spiel mal schön!« weg. Vielleicht will sie dem Kind damit unterschwellig vermitteln, dass sein Verhalten sie gerade sehr anstrengt, vielleicht will sie aber nur zum Ausdruck bringen, dass sie weiß, dass Robin auch alleine spielen kann, und diese Fähigkeit von ihm einfordern.

Lucia möchte allen Kindern und allen ihren Aufgaben als Erzieherin gerecht werden.

Im Kita- und Krippenalltag kommen solche Situationen sehr häufig vor. Immer wieder suchen Kinder die Aufmerksamkeit einer Erzieherin, wenn diese sie ihnen gerade nicht geben kann. Wie in unserem Beispiel widmet sich die Erzieherin vielleicht gerade einer anderen Aufgabe, die sie zu Ende bringen muss oder möchte, oder ein anderes Kind benötigt in diesem Moment ihre Aufmerksamkeit noch mehr.

Als Lucia nicht mehr abgelenkt ist, kann sie Robins momentanes Bedürfnis nach Zuwendung wahrnehmen.

Die positive Aufmerksamkeit, nach der Robin hartnäckig sucht, bekommt er zunächst also nicht. Doch dann registriert Lucia doch noch, dass Robin unglücklich ist. Sie nimmt die Gefühlslage des Kindes wahr und erkennt, welche Bedürfnisse hinter dem Wunsch, mit ihr das Buch anzusehen, stehen. Als ihr klar wird, wie dringlich sein Anliegen ist, kann sie alle anderen Aufgaben für den Moment hintanstellen und sich Robin aufrichtig zuwenden.

Wie kann es besser laufen?

Die Situation, dass in einem einzigen Moment eine Vielzahl von Anforderungen auf einen einstürmt, taucht im Alltag von Krippe und Kita nur allzu häufig auf und führt die pädagogischen Fachkräfte oft an ihre Grenzen, denn sie haben natürlich den Anspruch, allen Kindern gerecht zu werden, alle im gleichen Maß mit Zuwendung und Aufmerksamkeit zu versorgen und sozusagen nebenbei noch andere Aufgaben wie das Aufräumen oder die Dokumentation zu erledigen.

Fühlt sich eine Erzieherin deswegen zerrissen, spüren das auch die Kinder sofort. Vor allem bei Kleinstkindern führt das zu einer starken Irritation und oft zu erneuten Bemühungen um die Aufmerksamkeit der Erzieherin, um durch ihre Zuwendung wieder ins Gleichgewicht zu kommen. Reagiert diese nicht wie gewünscht, werden sie noch unruhiger und weinen, da sie ihre Unsicherheit noch nicht verbal zum Ausdruck bringen können. Das Weinen eines einzelnen Kindes kann zu einem Überschwappen der Gefühle auf die anderen Kinder führen, so dass schließlich ein Teufelskreislauf entsteht, die Situation eskaliert und die Gruppe kaum mehr zu beruhigen ist.

Im Folgenden finden Sie Handlungsstrategien, wie Sie auch im stressigen Kita- oder Krippenalltag den Bedürfnissen der Kinder möglichst weitreichend gerecht werden können, ohne sich selbst zu überfordern:

Austausch mit den Eltern über das aktuelle Befinden des Kindes
Grundsätzlich ist zu berücksichtigen, dass Kinder nicht an jedem Tag dasselbe Befinden haben. Manchmal ist ein Kind ganz besonders anhänglich, manchmal besonders unausgeglichen, ein anderes Mal brütet es vielleicht gerade eine Krankheit aus. Diese Befindlichkeiten müssen von den pädagogischen Fachkräften erkannt und aufgegriffen werden. Zum einen, um den betroffenen Kindern gerecht zu werden, zum anderen, um für den Rest der Gruppe einen einigermaßen angenehmen, ruhigen und ungestörten Tagesablauf zu gewährleisten.
Erzieherinnen, die mit Kindern unter Drei arbeiten, müssen deshalb von den Eltern täglich beim Bringen kurz Informationen einholen, wie es dem Kind geht und ob es besondere Vorkommnisse oder Ereignisse zu Hause gab. Diese wichtigen »Tür-und-Angel-Gespräche« sollten ihren festen Platz im Kita- oder Krippenalltag haben und in ihrer Bedeutung nicht unterschätzt werden. Besonderheiten, die sich daraus ergeben, sollten anschließend kurz in einem Gruppentagebuch oder Übergabebuch festgehalten werden, genauso wie auffälliges Verhalten des Kindes während des Tages in der Einrichtung. So ist bei einem Schichtwechsel der Austausch von Informationen gewährleistet und bestimmte Situationen können im Nachhinein nachvollzogen werden. Hätte also Robin in unserem Fall an diesem Tag auffallend häufig die Zuwendung der Erzieherin gesucht, könnte das in dem Gruppentagebuch festgehalten und den Eltern beim Abholen mitgeteilt werden.

Kleinstkinder achtsam wahrnehmen

Wir können Kleinstkindern nur verständnis- und liebevoll begegnen, wenn wir ihre aktuellen individuellen Bedürfnisse erkennen. Feinfühliges Wahrnehmen und Beobachten ist eine der wichtigsten Aufgaben aller Menschen, die mit Kindern arbeiten. Das gilt umso mehr beim Umgang mit Säuglingen und Kleinstkindern, da sie sich noch gar nicht oder nicht gut verbal mitteilen können. Krippenerzieherinnen sollten in der Lage sein, Verhalten und Äußerungen (wie z. B. Weinen) ihrer Schützlinge zu verstehen, bzw. die Bereitschaft mitbringen zu ergründen, was dahintersteckt. Stellen Sie sich in kritischen Situationen folgende Fragen: Wie ist die Bedürfnislage des Kindes? Was möchte es und kann es vielleicht noch nicht deutlicher zum Ausdruck bringen? Wie kann ich ihm helfen, es beruhigen, es angemessen versorgen?

Die richtigen Prioritäten setzen

Erzieherinnen brauchen nicht nur Beobachtungsgabe und Feinfühligkeit, sondern auch Zeit, um diese Kompetenzen anzuwenden. Der pädagogische Alltag mit Kleinstkindern erfordert einerseits Rahmen und Struktur – in den Räumen, im Tagesablauf, in der Betreuung durch die Bezugserzieherinnen. Andererseits erfordert er genügend Raum für Flexibilität, damit individuelle und möglicherweise auch akute Bedürfnisse einzelner Kinder aufgegriffen werden können.

Zur Reflexion dieser Aspekte für sich selbst als pädagogische Fachkraft, aber auch als Team für die Einrichtung insgesamt, dient der Fragebogen am Ende des Kapitels (*siehe Seite 46*). Füllen Sie diesen Fragebogen zunächst für sich alleine aus, um Aufschluss über Ihre eigene pädagogische Arbeit oder über Ihre Haltung einzelnen Kindern gegenüber zu bekommen.

Anschließend können Sie die Inhalte miteinander im Team austauschen und daraufhin auswerten, was an den Rahmenbedingungen und Abläufen in Ihrer Einrichtung verändert werden müsste, damit Sie alle gemeinsam dem Zuwendungsbedürfnis der ihnen anvertrauten Kinder möglichst gut gerecht werden können.

> Niemand ist perfekt!
>
> Gerade in der Arbeit mit Kindern unter Drei müssen Sie immer wieder hinterfragen, ob Sie nicht oft an Ihren eigenen, zu hoch gesteckten Erwartungen an sich selbst scheitern! Es ist schlicht und einfach nicht möglich, immer allen Kindern gleichzeitig dasselbe Maß an Aufmerksamkeit und Zuwendung zukommen zu lassen.

Zeit für ungeteilte Aufmerksamkeit schaffen

Über den Kindergartentag verteilt sollte jede Erzieherin immer wieder einzelnen Kindern ihre ungeteilte und uneingeschränkte Aufmerksamkeit schenken. Das kann beim Vorlesen eines Bilderbuches sein, in einer Spielsituation, beim Anziehen oder einfach im Dialog mit einem Kind. Deshalb müssen in Krippenteams die Möglichkeiten ungeteilter Aufmerksamkeit gegenüber den einzelnen Kindern im Tagesablauf permanent reflektiert und fest verankert werden.

Ohne Bindung keine Bildung!

Der Bildungsanspruch, der bereits für die pädagogische Arbeit mit Kindern unter Drei diskutiert wird und in den pädagogischen Programmen der Einrichtungen Berücksichtigung finden soll, kann nur dann umgesetzt werden, wenn die Kinder Verständnis, Verlässlichkeit, Schutz und Geborgenheit erfahren und die Bindung zu ihren Bezugspersonen in Kita oder Krippe als sicher erleben.

Dazu brauchen wir Einrichtungen mit genügend Personal. Außerdem muss in den Tagesstrukturen darauf geachtet werden, dass genügend Zeit und Raum vorhanden ist, damit pädagogische Fachkräfte mit Kindern in aufrichtige Dialoge gehen und ihnen ungeteilte Aufmerksamkeit schenken können. Das kann nur gelingen, wenn der Tagesablauf in den Einrichtungen nicht mit zu vielen Angeboten überfrachtet ist.

In den Rahmenbedingungen und Dienstplänen muss berücksichtigt werden, dass ein angemessener Personal-Kind-Schlüssel garantiert werden kann – und zwar zu allen Betreuungszeiten und auch in den Randzeiten.

FRAGEBOGEN ZUR EIGENREFLEXION

»Wie werde ich als pädagogische Fachkraft den kindlichen Bedürfnissen nach aufrichtiger Zuwendung und Nähe gerecht?«

1. Kann ich mich an Situationen erinnern, wo ich den Bedürfnissen nach ungeteilter Aufmerksamkeit und Zuwendung eines Kindes nicht nachgekommen bin?

   . . . .

   . . . .

2. Warum konnte oder wollte ich das vielleicht in dieser Situation gerade nicht?

   . . . .

   . . . .

3. Welche anderen Vorhaben haben mich möglicherweise daran gehindert?

   . . . .

   . . . .

4. Gibt es etwas, das ich an dem betroffenen Kind ablehne oder wodurch ich eine weniger gute Beziehung zu diesem Kind habe?

   . . . .

   . . . .

Abbildung 5:
Formular »Fragebogen zur Eigenreflexion«

5. Lässt unsere personelle Situation und unser Tagesablauf genügend Frei-
räume, um auf individuelle Bedürfnisse der Kinder einzugehen?

. . . .

. . . .

6. Warn genau gibt es dazu Gelegenheiten?

. . . .

. . . .

7. Wie geht es mir, wenn ich einem Kind meine ungeteilte Aufmerksamkeit
schenken kann?

. . . .

. . . .

8. Wie erlebe ich die Kinder in solchen Situationen?

. . . .

. . . .

9. Was genau sollte in meinen Augen anders laufen?

. . . .

. . . .

10. Mit wem kann ich dieses Anliegen besprechen?

. . . .

4

»Das Wickeln kostet sooo viel Zeit!«

Bedeutung und Chance der beziehungsvollen Pflege

*B*ea und Henrike arbeiten zusammen in einer Krippengruppe und betreuen zehn Kinder. Sie lieben ihre Arbeit und gehen sehr achtsam und feinfühlig mit den ihnen anvertrauten Kindern um. Seit einiger Zeit haben sie neben Ein- und Zweijährigen jedoch besonders viele Säuglinge in der Gruppe. Das bedeutet einen höheren Pflegeaufwand, als das bisher der Fall war. Die beiden Erzieherinnen bemerken, dass ihnen durch den großen Aufwand für das Wickeln und Füttern wertvolle Zeit mit den Kindern in der Gruppe verloren geht. Natürlich kommen sie den vermehrten Pflegeaufgaben nach, doch sie haben das Gefühl, dass sie durch die häufige Abwesenheit von der Gruppe durch das Wickeln dem Rest der Kinder nicht mehr gerecht werden können.

Im Gespräch miteinander wird Bea und Henrike klar, wie unzufrieden und angestrengt sie beide im Moment sind. Doch sehen sie keinen Ausweg aus dieser Sackgasse, da die Alterszusammensetzung der Gruppe ja nun mal nicht zu ändern ist.

Was ist hier passiert?

Der erhöhte Pflegeaufwand in der Krippengruppe strengt die beiden Erzieherinnen an.

Die pflegerische Arbeit nimmt im Tagesgeschehen einer Betreuungseinrichtung mit Säuglingen und Kleinkindern einen hohen Stellenwert ein. Kinder sind ja in diesem jungen Alter schließlich völlig auf die Versorgung durch Erwachsene angewiesen.

Bea und Henrike haben durch die neue Gruppensituation mit der umfangreichen Säuglingspflege, die zur Versorgung der etwas älteren Kinder hinzukommt, alle Hände voll zu tun. Die Säuglinge müssen schließlich mehrmals am Tag gefüttert und gewickelt werden. Das bedeutet, den Kindern viel Aufmerksamkeit zu widmen, was die Erzieherinnen nicht nur körperlich, sondern auch emotional anstrengt.

49

Darüber hinaus haben Säuglinge sehr individuelle Essens- und Schlafrhythmen, denen wiederum in der Gruppe und den Tagesabläufen Rechnung getragen werden muss.

Die Erzieherinnen haben das Gefühl, dass die älteren Kinder neuerdings zu kurz kommen.
Weil Bea und Henrike einen großen Teil der Betreuungszeit für die Pflege aufwenden müssen, haben sie das Gefühl, dass sie dadurch die berechtigten Bedürfnisse der anderen Kinder nach Aufmerksamkeit und Zuwendung nicht hinreichend zufriedenstellen können. Sie wissen nicht, wie sie verhindern können, dass sich dies nachteilig auf deren Wohlergehen auswirkt.

Die Erzieherinnen fürchten, dem Bildungs-/Förderanspruch nicht ausreichend gerecht zu werden.
Auch wenn die beiden Erzieherinnen wissen, dass das Wickeln und Füttern der Säuglinge zu ihren Aufgaben gehört, und solche Pflegearbeiten nicht nur als lästige Pflicht erledigen, sondern auch liebevoll umsetzen wollen, bedauern sie, dass ihnen Zeit verloren geht, in der sie mit den Kindern spielen können. Sie wollen schließlich alle Kinder ihrer Gruppe fördern. Sie wollen ihrem Anspruch an ihren Bildungsauftrag gerecht werden und glauben, dass sie nun durch die vermehrt anfallende Zeit für Pflege den anderen Kindern weniger Bildungsangebote machen können.

Bea und Henrike schätzen die Pflegearbeit als weniger wertvoll ein.
Der Stress, den Bea und Henrike momentan erleben, und die daraus resultierende Unzufriedenheit führen dazu, dass sie das, was sie stresst und unzufrieden macht, abwerten. Zum einen können sie derzeit in der Pflegetätigkeit keine hinreichende Erfüllung ihres eigenen Anspruchs auf Förderung der kindlichen Bildung und Entwicklung sehen. Zum anderen haben sie durch dieses Mangelgefühl auch weniger Freude an den Pflegetätigkeiten. Sie bewerten diese ungewollt negativ und führen sie mit immer weniger Liebe und Freude aus.

Wie kann es besser laufen?

Die Unzufriedenheit der beiden Erzieherinnen wird zu einem großen Teil von äußeren Faktoren verursacht, auf die die beiden selbst leider kaum einen Einfluss haben.

Erforderlich ist eine angemessene Altersmischung in den Gruppen
Zunächst muss bei den Gruppenstrukturen in Krippen unbedingt auf eine gleichmäßige Verteilung der unterschiedlichen Entwicklungsalter geachtet werden. So sollte es nie einen Überhang an Säuglingen geben, bei denen der Pflegebedarf sehr hoch ist.

Über das bewusste Gestalten von Gruppenstrukturen kann man somit einerseits verhindern, dass die Fachkräfte überfordert sind, und andererseits sicherstellen, dass den Kindern ausreichend ungeteilte Aufmerksamkeit durch ihre Betreuungspersonen zuteil wird.

Im Idealfall müssten Betreuungseinrichtungen für Kinder unter Drei ihren Personal-Kind-Schlüssel der aktuellen Gruppensituation anpassen. Wenn in einem Jahr mehr Säuglinge in einer Gruppe aufgenommen werden, muss es möglich sein, diese Gruppe mit mehr Personal zu versehen oder die Gruppenstärke zu reduzieren. Solche Regelungen müssen allerdings vom Träger genehmigt werden.

In unserem Beispiel wissen wir nicht genau, ob es in der Gruppe ein Ungleichgewicht der verschiedenen Entwicklungsalter gibt, sondern nur, dass aktuell mehr Säuglinge als vorher in der Gruppe sind.

Aber es gibt auch Unzufriedenheitsfaktoren, an deren Beseitigung die Erzieherinnen selbst aktiv arbeiten können und sollten:

Die beziehungsvolle Pflege als wertvollen Bestandteil der Betreuungsarbeit wahrnehmen
Es ist nun einmal Tatsache, dass im pädagogischen Alltag mit Kleinstkindern die Pflege einen hohen Stellenwert einnimmt. Wer in diesem Bereich arbeitet, muss sich dessen von vornherein bewusst sein und sein Augen-

51

merk ganz bewusst darauf richten, welche Chancen diese Aufgaben mit sich bringen. Ein ganz wesentlicher Aspekt in der Pflege ist nämlich die Beziehungsarbeit. Insbesondere Wickelsituationen bieten ein großes Feld an Möglichkeiten für Zuwendung und Nähe und eine ganz bewusste Interaktion und Kommunikation zwischen pädagogischer Fachkraft und Kind.

Bea und Henrike sind sich dieser Bedeutung zwar grundsätzlich bewusst, aber durch ihre (vielleicht nur anfängliche) Überforderung aufgrund der veränderten Altersstruktur der Gruppe und die daraus resultierende Unzufriedenheit ist dieser Aspekt momentan aus ihrem Blick geraten.

GRUNDPRINZIPIEN DER ARBEIT VON EMMI PIKLER I:

Beziehungsvolle Pflege

Die ungarische Kinderärztin Emmi Pikler gründete nach dem zweiten Weltkrieg in der Lóczy-Straße in Budapest ein Säuglingsheim. Sie prägte durch ihre Arbeit mit Säuglingen und Kleinkindern den Begriff der »beziehungsvollen Pflege«, mit deren Hilfe es ihr gelang, Hospitalismusschäden bei den Heimkindern zu verhindern. Die Betreuerinnen in ihrem heute noch bestehenden Kinderheim nutzen die Pflegesituationen des Wickelns und Fütterns als Gelegenheit zum Beziehungsaufbau und zur Beziehungspflege.

Durch ihre langjährige Beobachtungen und Studien stellte Emmi Pikler fest, dass Kinder, die über den Tag hinweg mehrmals Zeiten ungeteilter Aufmerksamkeit und aufrichtiger, liebevoller Zuwendung erfahren, Vertrauen in ihre erwachsenen Bezugspersonen und dadurch auch in ihre Umgebung entwickeln. Durch dieses Gefühl der Sicherheit werden die Kinder langfristig in ihrer Persönlichkeit gestärkt und können sich wach und neugierig ihrer Umgebung widmen.

Kleinstkinder brauchen vorrangig Bindungsangebote

Der Fokus bei der Arbeit mit Kleinstkindern sollte eher auf Bindungs- statt auf Bildungsangeboten liegen. Denn ohne die Erfahrung sicherer Beziehungen können Kleinstkinder Bildungsangebote gar nicht richtig nutzen. Und solche sicheren Beziehungen können besonders gut durch liebevolle Pflegesituationen aufgebaut und gestärkt werden.

Übrigens hat Emmi Pikler auch beobachtet, dass Kinder, die durch die Erfahrung liebevoller, aufrichtiger Zuwendung in Pflegesituationen emotional gesättigt werden, danach wieder für eine ganze Weile ohne die Aufmerksamkeit eines Erwachsenen auskommen können. Diese Erkenntnis sollte alle pädagogischen Fachkräfte in Kitas und Krippen von dem allzu hoch gesteckten Anspruch entlasten, immer für alle Kinder gleichermaßen zur Verfügung stehen zu wollen.

Pflegesituationen für den Dialog mit dem Kind nutzen

Die Chancen von Pflegesituationen liegen nicht nur in der Beziehungspflege mit den Kindern, sondern auch darin, dass durch die Stärkung des kindlichen Vertrauens in seine Bezugspersonen und seine Umgebung wertvolle Grundlagen für das Lernen gelegt werden.

Darüber hinaus bieten Wickelsituationen umfassende Möglichkeiten für den Dialog mit dem Kleinstkind. Durch die beständige Ansprache des Kindes durch die pädagogische Fachkraft beim Wickeln und ihre Resonanz auf seine Möglichkeiten nonverbaler Kommunikation wird das Kind in seiner Motivation für und Freude an Sprache gestärkt. Neben Sprachförderung erfährt das Kind die Freude, dass ihm jemand zuhört und es liebevolle Resonanz erfährt.

Die Kooperationsbereitschaft des Kindes fördern

Emmi Pikler hat beobachtet, dass Säuglinge und Kleinkinder mit der Zeit immer mehr an der Pflegesituation mitwirken. Da ihre Betreuerinnen in der Handlungsabfolge immer der gleichen Chronologie folgen, lernen die Kinder, welche Handlung wann erfolgt. Die Betreuerinnen kündigen jeweils an, was sie als nächsten Schritt tun werden, und vermitteln dem Kind so Sicherheit und Orientierung. Es wird durch die Handlungen des Erwachsenen nicht überrascht. Zudem erlebt es ein hohes Maß an Wertschätzung und Respekt, denn der Erwachsene wartet in seinen Handlungsschritten jeweils die Bereitschaft des Kindes dazu ab.

In der Krippe aus unserem Beispiel könnte ein Ausschnitt aus einer Pflegesituation mit kindlicher Kooperation folgendermaßen aussehen:

Ein Beispiel für kindliche Kooperation während der Pflege

Bea wickelt den einjährigen Leon. Leon kennt die Abfolge beim Wickeln sehr genau. So zieht Bea ihm z.B. immer zuerst das linke Strumpfhosenbein an, dann das rechte. Sie spricht dabei mit ihm: »So, Leon, jetzt ziehen wir die Strumpfhose an. Zuerst nehmen wir das linke Bein.« Sie hält die Öffnung des linken Strumpfhosenbeins vor Leons linken Fuß. Leon streckt ihr seinen linken Fuß entgegen. Bea zieht ihm jetzt das linke Strumpfhosenbein über. Dann sagt sie: »Und jetzt kommt das rechte Bein dran«, und Leon streckt ihr den rechten Fuß entgegen.

Aufgrund dieser, dem Kind bekannten und vertrauten Abfolge kann es sich aktiv am Wickeln beteiligen. Leon hat Spaß an den sich immer wiederholenden Handlungen und erfährt, dass er selbst eigenständig etwas bewirken kann (man spricht hier manchmal auch von der positiven Erfahrung der Selbstwirksamkeit). Das verschafft ihm Erfolgserlebnisse und stärkt sein Kompetenzgefühl. Leon wird so in seinem Selbstbewusstsein gefördert.

Den eigenen Blickwinkel verändern und so Entlastung erfahren

Wenn es Bea und Henrike gelingt, die Pflegesituationen wieder bewusster zu gestalten und als Chance für Beziehungspflege, für den Dialog mit dem Kind und die Unterstützung seiner Selbstwirksamkeit zu sehen, dann werden sie vermutlich diese Situationen auch nicht mehr als minderwertig gegenüber den anderen Bildungssituationen ansehen, die sie ansonsten im Alltag mit und für die Kinder ihrer Gruppe schaffen. Sie lernen die Bedeutung dieser so wertvollen Eins-zu-Eins-Situationen mit den Kindern wieder schätzen und können deren Chancen für Bildungs- und Entwicklungsprozesse der Kinder erkennen und nutzen.

Hilfe durch Beratung und Supervision

Erzieherinnen, die wie Bea und Henrike bei ihrer Arbeit mit den Kindern feststellen, dass sie momentan in einer unglücklichen Situation feststecken, sind meist sehr dankbar für jemanden, mit dem sie die problematische Situation und den Prozess, der dazu geführt hat, reflektieren können, um wieder zu ihrer früheren positiven Arbeitshaltung zurückzufinden. Deshalb sollten pädagogische Fachkräfte in der Arbeit mit Kindern unter Drei Jahren grundsätzlich von ihrem Träger durch ein Angebot für Supervision unterstützt werden, denn gerade die intensive Beziehungsarbeit in diesem Arbeitsfeld, sei es mit Kindern, Eltern oder Kollegen, benötigt regelmäßige Reflexion und Beratung.

Bei vielen Trägern ist das Angebot regelmäßiger Supervision bereits ein fester Bestandteil der Mitarbeiterpflege. Wenn das nicht der Fall ist, bieten Situationen wie die hier geschilderte eine gute Gelegenheit, den Träger um eine solche dauerhafte Hilfestellung zu bitten, damit alle Mitarbeiter ihre Schwierigkeiten mit einem Außenstehenden besprechen und nach Lösungsmöglichkeiten suchen können, bevor es zu einer Eskalation kommt.

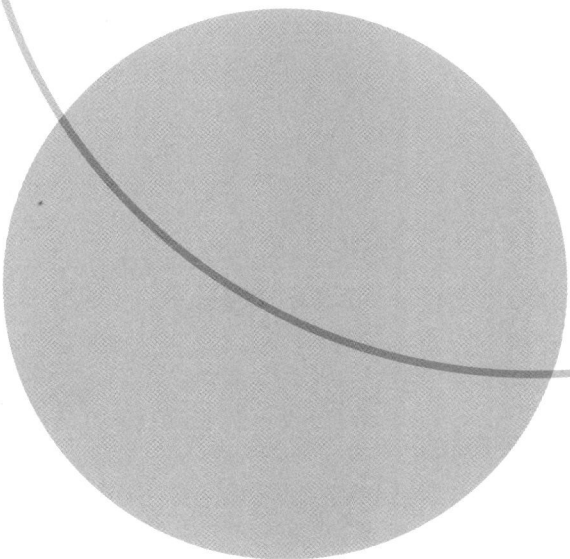

5

»Das kannst du schon ganz alleine!«

Autonomiebestrebungen von Kleinstkindern unterstützen

Erzieherin Steffi sammelt mit einigen Kindern das Fallobst unter dem Apfelbaum im Garten der Krippe auf. Am nächsten Vormittag stellt sie im Gruppenraum eine Schüssel mit Äpfeln auf einen Tisch. Marc und Klara werden neugierig und kommen herbei. Steffi zeigt ihnen die Schüssel Wasser, die sie ebenfalls mitgebracht hat. Sie krempelt ihnen die Ärmel hoch und zeigt ihnen, wie sie die Äpfel waschen können. Marc und Klara haben viel Spaß dabei und nutzen ihr Tun unter anderem auch zum Spiel mit dem Wasser. Sie waschen ihre Hände und das Schneidebrett gleich mit. Steffi schält das Obst und schneidet es in kleine Stücke. Marc, Klara und ein paar andere Kinder stehen jetzt dabei und schauen ihr zu. Sie würden allzu gerne helfen, doch Steffi erklärt, dass es für sie zu gefährlich sei.

Später geht Steffi mit ihren Zuschauern in die Küche, nimmt einen großen Topf und füllt das geschnittene Obst hinein. Sie wiegt Zucker ab und gibt ihn ebenfalls in den Topf. Bei jedem Arbeitsschritt erklärt sie, was sie gerade tut. Dann stellt sie die Herdplatte an, damit die Apfel-Zucker-Masse kochen kann. Sie nimmt einen Kochlöffel und rührt ab und zu um. Die Kinder wollen auch rühren. »Alleine machen«, sagt Klara. Steffi erlaubt es jedoch nicht, weil sie Kinder dieses Alters nicht in die Nähe eines heißen Topfs lassen will. Die Kinder bleiben noch eine kurze Weile still in der Küche. Dann gehen sie wieder in ihren Gruppenraum zurück und suchen sich eine andere Beschäftigung.

Was ist hier passiert?

Die Kinder können sich nicht genügend beteiligen.
In unserem Beispiel hat die Erzieherin eine sehr aktive Rolle. Den Kindern dagegen wird eine eher passive Rolle zugeteilt. Sie dürfen zwar mit Äpfel aufsammeln und beim Obstwaschen helfen. Doch die Entscheidung, was mit den Äpfeln passieren soll, und jeder weitere Arbeitsgang bleibt der Er-

wachsenen vorbehalten. Marc und Klara nehmen über das Zuschauen noch eine ganze Weile interessiert am Geschehen teil. Doch als sie nach längerer Zeit immer noch nicht aktiv mitwirken dürfen und die Erzieherin auch noch alleine im Topf rührt, sinkt ihr Interesse und sie ziehen sich zu einer anderen Tätigkeit in den Gruppenraum zurück.

Bildungsgelegenheiten bleiben ungenutzt.
So bleiben in unserem Beispiel den Kindern wertvolle fein- und grobmotorische Erfahrungen verwehrt. Sie können sich nicht im Schneiden von Obst üben oder im Umrühren des Muses im Kochtopf. Sie können wichtige mathematische und physikalische Erfahrungen nicht machen, indem sie beim Abwiegen nicht aktiv einbezogen werden. Ebenso können sie keine Erfahrungen mit Gewicht und Widerstand (der Masse im Topf) machen. Sie können sich kaum in ihrer eigenen Kraft und in ihren Kompetenzen erleben. Auch wertvolle sinnliche Erfahrungen bleiben ihnen vorenthalten wie das Wahrnehmen von Geruch, Farbe und Beschaffenheit der Äpfel im rohen, geschälten und gekochten Zustand.

Wie kann es besser laufen?

Die Passivität, zu der die Kinder hier trotz ihrer Neugierde und ihrem Interesse verdammt werden, ist gerade für kleine Kinder schwer auszuhalten. Sie möchten gerne aktiv an den Dingen in ihrer Umgebung beteiligt sein. Sie wollen etwas ausprobieren, es »wie die Großen« tun. Schließlich können sie die Tätigkeiten des täglichen Lebens wie Kochen, Tischdecken, Essenverteilen, Geschirrspülen, Wäscheaufhängen etc. nur durch das Nachahmen, durch Wiederholen und Üben von Handlungsabfolgen lernen.
In der beschriebenen Situation übernimmt jedoch die pädagogische Fachkraft Steffi genau die Tätigkeiten wieder selbst, die auch sonst oft von Erwachsenen durchgeführt werden und gerade deswegen für die Kinder von großem Interesse sind: Obst schneiden, etwas abwiegen, im Topf rühren. Sie beraubt die Kinder damit der wichtigen Erfahrung von Autonomie.

Autonomiebestrebungen berühren sämtliche Entwicklungsbereiche

Die kindlichen Autonomiebestrebungen zeigen sich im Alltag einer Krippe nicht nur wie in unserem Beispiel bei der Essenszubereitung, sondern auch in vielen anderen Situationen, z.B. beim Anziehen, bei der Pflege und beim Spiel. In all diesen Bereichen ist es wichtig, dass Kinder, so weit sie können, selbst etwas tun, alleine probieren, erfahren, was sie schon können und wo (noch) ihre Grenzen sind. Dabei werden nicht nur ihre motorischen Fähigkeiten ausgebaut, sondern ebenso ihre Kompetenzerfahrungen erweitert, ihr Selbstbewusstsein aufgebaut und gestärkt. Dazu gehört auch, Misserfolge und Grenzen zu erfahren, seien es nun eigene Grenzen oder Grenzen, die von außen gesetzt werden, damit nicht andere Kinder zu Schaden kommen oder wichtige Regeln des Miteinanders gestört werden.

Kindliche Autonomie

Das Streben nach Autonomie ist charakteristisch für das frühe Entwicklungsalter von null bis drei Jahren. Das Erlangen von Autonomie gehört zu den wichtigsten Meilensteinen im Kleinstkindalter. Es dient den Kindern dazu, die Dinge des täglichen Lebens irgendwann alleine vollziehen zu können und damit in ihrer eigenständigen Entwicklung voranzuschreiten. Kinder möchten von Beginn ihres Lebens an ihrer angeborenen Motivation folgen, immer selbstständiger zu werden.

Autonomie unterstützt Bildungsprozesse

Kinder finden in allen Bildungsbereichen dann gute Voraussetzungen für nachhaltiges Lernen vor, wenn sie neugierig, selbsttätig und ko-konstruktiv (d.h. im Austausch mit ihrer Umwelt) agieren dürfen. Ebenso müssen sie die Objekte ihres Umfeldes, die sie interessieren, erforschen und mit ihnen hantieren dürfen. Wo diese Voraussetzungen fehlen oder unterbunden werden, können Kinder viele wertvolle Lernerfahrungen jedoch gar nicht machen. Sie werden dann in den verschiedenen Bildungsbereichen nicht hinreichend gefördert.

Kindern Aufgaben zutrauen und Herausforderungen zumuten

Zuweilen verfügen schon junge Kinder über gewisse Interessen und Fähigkeiten, die ihre Bezugspersonen bei ihnen noch nicht festgestellt haben. Wenn die Kinder dann das Zutrauen der Erwachsenen spüren, dass sie bestimmte Tätigkeiten oder Aufgaben schon alleine erfüllen oder ausüben können, kann das wiederum eine entscheidende Motivation für weitere Selbstwirksamkeitsbemühungen sein.

In unserem Fallbeispiel könnte Steffi z. B. immer ein Kind am Obstschneiden beteiligen. Sie könnte kleine Schnitze vorbereiten und dem Kind zeigen, wie es diese auf einem Brettchen mit einem nicht allzu scharfen Messer in kleine Scheiben schneiden kann. So muss Steffi jeweils nur ein Kind bei dieser »gefährlichen« Tätigkeit beaufsichtigen und kann damit auch ihrem Sicherheitsbedürfnis nachkommen. Die interessierten Kinder können sich dann abwechseln, so das jedes einmal dran kommt.

Ebenso könnte sie jeweils ein Kind an den Topf heranlassen – z. B. mithilfe eines kleinen Hockers, wenn die Kinder noch nicht gut in den Topf schauen können. Dann könnte sie wiederum jeweils einem Kind zeigen, was zu tun ist, dabeistehen und diese Aktion begleiten. Wichtig ist hier einfach, dass die Kinder mit einbezogen werden, damit sie selber aktiv werden können. Ihr Interesse an der Tätigkeit soll möglichst erhalten bleiben und sie sollen die wertvolle Erfahrung eigener Kompetenzen machen können.

Gelegenheiten für Eigenaktivitäten schaffen

Pädagogische Fachkräfte sollten generell immer wieder und bei allen alltäglichen Aktivitäten und Angeboten mit Säuglingen und Kleinstkindern reflektieren, wie weit die Kinder die Möglichkeit haben, sich dabei aktiv zu beteiligen, ihre eigenen Kompetenzen auszubauen und bereits gemachte Erfahrungen einzubringen.

Wir alle kennen Maria Montessoris berühmten Leitsatz »Hilf mir, es selbst zu tun!« und können als Erzieherinnen den Rahmen und das Umfeld dafür schaffen, dass Kinder »es« selbst tun können. Zum Beispiel kann man für Getränke kleine Gefäße (Teekannen, Krüge) benutzen und diese nur zu einem Viertel füllen, so dass ein Kleinkind sie alleine anheben und sich selbstständig etwas in Glas oder Becher füllen kann, oder man kann den Kindern erlauben, sich ihr Essen alleine aufzutun. Es gibt noch viele weitere Beispiele für die Eigentätigkeit von Kleinstkindern, auf die an dieser Stelle nicht näher eingegangen werden soll.

Gelegenheiten für Imitation schaffen

Wichtig ist aber auch die Frage, wie wir als Erzieherinnen im pädagogischen Alltag selbst ein Vorbild zur Imitation von Handlungsabläufen geben können. Wo können Kinder in den Abläufen der Einrichtung Dinge des täglichen Lebens wie die Essenszubereitung, Tischdecken, Putzen etc. erleben? Wenn wir uns klarmachen, dass Kinder nur Verhaltensweisen spielerisch nachahmen, erproben und ausbauen können, die sie aus erster Hand beobachtet haben, können wir vielleicht sogar der unter pädagogischen Kräften vielfach ungeliebten »Hausarbeit« im Einrichtungsalltag einen positiven Aspekt abgewinnen.

Ausreichend Spiel-»Zeug« und Gebrauchsgegenstände anbieten

Kleinstkinder brauchen ein Angebot an geeignetem »Zeug« zum Spielen, mit denen sie gut die Tätigkeiten von Erwachsenen nachspielen können (»richtige« Schüsseln, Schneebesen, Handfeger etc.). Diese Materialien besitzen für Kleinkinder einen hohen Aufforderungscharakter und das Spielzeugangebot in Kitas und Krippen sollte immer wieder auf diesen Aspekt hin überprüft werden

Kinder mitentscheiden lassen

In unserem Beispiel hätte Steffi die Kinder in vielen Punkten mitentscheiden und mitbestimmen lassen können. Die Kinder hätten mit ihr z.B. die gesamten Gerätschaften für das Vorbereiten des Muses in der Küche auswählen und zusammentragen können und alles dann selbst auf einem Rollwagen in den Gruppenraum schieben können. Sinnvoll wäre auch gewesen, die Kinder zu fragen, bei welchen Arbeitsgängen sie gerne helfen möchten. Ebenso hätte Steffi Vorschläge der Kinder einholen können, was mit dem fertigen Mus geschehen soll.

Eine andere Situation, in der die Selbstständigkeit von Kleinstkindern gefördert werden kann, ist die Pflege. Auch hier zählt die Frage: Wo können sich Kinder beteiligen? Können Sie z.B. selbst ihre Windel holen und ihre Kleidungsstücke auswählen? Ein Beispiel für kindliche Kooperation findet sich in Kapitel 4 (*siehe Seite 54*).

Eigenaktive Kinder brauchen sichere Räume

Die Eigenaktivität der Kleinstkinder ist gerade im Kontext der selbstständigen Bewegungsentwicklung von Bedeutung. Gerade hier können räumliche Bedingungen unterstützend wirken. Doch dafür ist zunächst eine sichere Umgebung von absoluter Notwendigkeit. Viele Sicherheitsmaßnahmen sind heute in Krippen und Kitas selbstverständlicher Standard (Steckdosenschutz, Klemmschutzvorrichtungen etc). Zusätzlich können liegende und krabbelnde Kinder vor laufenden Kindern geschützt werden, indem einzelne Raumareale durch Gitter voneinander abgetrennt und so »laufsichere« Flächen garantiert werden. Solche Gitter unterstützen die Kinder zugleich bei der selbstständigen Bewegungsentwicklung. Sie können sich daran hochziehen oder bei den ersten Laufversuchen daran festhalten.

In unserem Beispiel ist es wichtig, dass der Herd einen Hitzeschutz besitzt, d.h. sofern ein Backofen vorhanden ist, sollte dieser nach außen keine Hitze abstrahlen, um die Gefahr von Verbrennungen zu unterbinden. Dazu gibt es spezielle Geräte für den Krippen- und Kindertagesstättenbedarf.

Die Umgebung kindgemäß vorbereiten

Kinder sollten in ihren Räumen als selbstständige Forscher und Entdecker agieren können. Ihre Forschertätigkeit beginnen Säuglinge bereits im Alter von wenigen Wochen. Sie wollen alles anfassen, ergreifen, in den Mund stecken und mit allen Sinnen untersuchen. Hinter dem von Maria Montessori eingeführten Begriff der »vorbereiteten Umgebung« steckt das Ziel, Kinder in jedem Entwicklungsalter Nahrung für ihren Forscherdrang zu liefern. Wie gut das funktioniert, wird in unserem Beispiel deutlich: Allein das Be reitstellen der Arbeitsmaterialien im Gruppenzimmer weckte bereits Neugier und Entdeckerdrang bei den Kindern.

GRUNDPRINZIPIEN DER ARBEIT VON EMMI PIKLER II:

Freies Spiel in einer geschützten Umgebung
Jedes Kind, das sich wohl und geborgen fühlt, verspürt laut Emmi Pikler den Drang zum freien Spielen und Experimentieren. Die Aufgabe des Erwachsenen besteht darin, dem Kind einen geschützten Rahmen mit geeigneten und abwechslungsreichen Spielmaterialien dafür zu bieten.

Bewegung ermöglichen

Kinder sollten Räume vorfinden, in denen sie ihr Bewegungsrepertoire je nach Entwicklungsvoraussetzungen erproben und erweitern können. Das hat sehr viel mit Eigentätigkeit und Autonomie zu tun. Erwachsene sollten also Räume, in denen sich Kleinstkinder aufhalten, so vorbereiten, dass sie den Kindern vielfältige Bewegungsformen erlauben. Man kann z.B. mit schrägen Ebenen und flachen Podesten, über die Kinder eigenständig auf höhere Raumebenen gelangen können, Anreize schaffen. Aber auch Rutschen, Treppen, schräg gestellte Leitern oder Schaukeln und Hängematten bieten eine Vielzahl an Bewegungsmöglichkeiten, mit denen die Kinder ihre motorischen Fähigkeiten ausbilden können.

Räume sollten auch eine Balance von Ruhe und Bewegung ermöglichen und demzufolge einerseits Möglichkeiten für ruhige, kommunikative, und andererseits für aktive und selbstständige Unternehmungen bieten. Nach Phasen besonderer Aktivität brauchen Säuglinge und Kleinkinder immer wieder Momente und Orte für Ruhe und Erholung. Damit die Kinder diesem Bedürfnis jederzeit nachgehen können, sollten mehrere Ruhe- und Kuschelecken pro Gruppe zur Verfügung gestellt werden.

Auch der Tagesablauf muss Freiräume bieten

Der Tagesablauf in Einrichtungen mit unter Dreijährigen wird durch Aktivitäten wie gemeinsames Frühstück, Mittagessen und Nachmittagsimbiss sowie das Spielen im Freien mit dem damit verbundenen An- und Ausziehen strukturiert. Hier wie auch beim Wickeln bieten sich immer wieder umfassende Möglichkeiten zur Erprobung von Autonomie. Zwischen diesen Eckpfeilern brauchen Kinder aber auch Freispielzeit für eigenständige Erkundungen, für Entdecken und Forschen.

Gezielte Angebote können im Bereich mit Kindern unter Drei bestenfalls für ein bis drei Kinder während der Freispielphase gemacht werden, abhängig von der Art des Angebotes sowie dem Entwicklungsstand der Kinder. Bei größeren Gruppenstärken kann die das Angebot begleitende Fachkraft nicht mehr genügend den Selbstständigkeits- und Erprobungsbemühungen der einzelnen Kinder nachkommen.

Vertrauen in die Entwicklungsfähigkeit des Kindes setzen

Bei allen äußeren Bedingungen für die Entwicklung von Autonomie trägt die innere Haltung der Erzieherin maßgeblich dazu bei, wie die Kinder diese entfalten können. In unserem Beispiel wäre es für die Kinder förderlicher, wenn Steffi ihnen mehr Eigenständigkeit zutrauen und ihr eigenes Sicherheitsbedürfnis mehr dem kindlichen Drang nach Selbsttätigkeit unterordnen konnte. Sie kann ja schließlich Bedingungen schaffen, die den Kindern dabei einen sicheren Rahmen gewähren.

Ebenso sollten pädagogische Fachkräfte großes Vertrauen in die spontane Entwicklung der Kinder haben. Jedes Kind hat sein eigenes individuelles Entwicklungstempo und so manches Mal erstaunen uns kleine Kinder mit Fähigkeiten, die sie laut Lehrbuch noch gar nicht haben können.

Ohne fundiertes Fachwissen ist keine angemessene Förderung möglich
Es sind also etliche Voraussetzungen wichtig, wenn die Autonomie von Kindern gefördert werden soll: der Raum, das Spielmaterial, der Tagesablauf der Kita oder Krippe, Verhalten und Rollenverständnis der Erzieherin und vor allen Dingen: ein fundiertes Fachwissen um die Entwicklungsaufgaben von Kindern von null bis drei Jahren.

Nicht zuletzt muss bei jedem Kind genau beobachtet werden, auf welcher Entwicklungsstufe es sich in den einzelnen Entwicklungsbereichen bewegt. Daraus kann schließlich abgeleitet werden, was es seinem Entwicklungsstand gemäß an Bedingungen, Rahmen, Spielmaterial oder auch Ermutigung zur Entwicklung seiner Eigenständigkeit und Autonomie braucht.

6.

»Katinka lernt mit Mund und Händen«

Alle Sinne anregen und die Wahrnehmung fördern

Katinka, 14 Monate alt, sitzt an einem Tisch in ihrer Krippengruppe. Mitten auf dem Tisch steht ein Teller mit Muscheln. Bernd, ihr Erzieher, hat sie aus dem Urlaub mitgebracht und als Dekoration im Gruppenraum ausgelegt.

Katinka betrachtet den Teller intensiv, dann streckt sie einen Arm nach ihm aus und erreicht mit Mühe gerade seinen Rand. Mit den Fingern zieht sie den Teller nach und nach zu sich heran. Jetzt nimmt sie eine Muschel, wendet sie in der Hand, schaut sie genau an und steckt sie sich in den Mund. Ganz langsam und hoch konzentriert schiebt sie die Muschel von einer Backe in die andere. Danach spuckt sie die Muschel auf ihre Hand, betrachtet sie noch einmal und legt sie wieder auf den Teller zurück. Anschließend macht sie dasselbe mit einer zweiten Muschel. Als sie gerade die dritte Muschel in den Mund stecken will, wird Bernd auf sie aufmerksam, kommt rasch herbei, hält Katinkas Hand fest und nimmt dem überraschten Kind die Muschel weg. Er sieht Katinka an und sagt freundlich: »Die Muscheln sind nur zum Anschauen da. Du darfst sie nicht in den Mund nehmen, sonst tust du dir weh!« Dann stellt er das Schüsselchen mit den Muscheln oben auf einen Schrank außer Reichweite der Kinder.

Katinka fängt lauthals zu brüllen an und ist untröstlich. Erst als Bernd ihr nach einiger Zeit das Angebot macht, mit ihr in ihrer Lieblingskuschelecke ein Buch anzusehen, lässt sie sich ablenken.

Was ist hier passiert?

Katinka hat eine interessante Entdeckung gemacht.
Auf dem Tisch steht etwas, das Katinka noch nicht kennt. Das weckt ihre Aufmerksamkeit. Sie muss es näher heranholen. Sie entwickelt eine Strategie, wie sie das bewerkstelligen kann. Im Anschluss erkundet sie sehend, tastend, riechend und schmeckend ganzheitlich das Objekt ihres Interesses.

Katinka möchte ihre Erfahrung durch Wiederholung vertiefen.
Nachdem Katinka die erste Muschel mit allen Sinnen wahrgenommen hat, nimmt sie sich eine zweite. Sie würde gerne noch länger bei ihrer Beschäftigung bleiben, noch mehr Muscheln untersuchen, als Bernd sie dabei unterbricht. Dass sie ihren Erfahrungsprozess nicht ihrem eigenen Tempo gemäß fortsetzen, öfters wiederholen und erst dann abschließen darf, wenn sie selbst genug davon hat, führt zu großer Frustration.

Die Vorsicht des Erziehers verhindert wichtige Lernerfahrungen.
Der Erzieher hat in unserem Beispiel dem Kind einen wertvollen Sinnesreiz angeboten, war sich dessen aber gar nicht bewusst, da er die Muscheln eigentlich nur als Dekoration in der Gruppe verwenden wollte. Auch wenn Bernd natürlich weiß, dass Kleinstkinder vorwiegend über all ihre Sinne lernen und diese zur Erkundung der Welt einsetzen, hat er das bei diesem Vorhaben anscheinend nicht ganz bedacht.
Als er dann beobachtet, dass Katinka die Dekorationsmuscheln in den Mund steckt, meldet sich seine Vorsicht und sein Sicherheitsbedürfnis. Dadurch dass er Katinka (und damit auch den anderen Kindern in der Gruppe) die interessanten Muscheln wieder entzieht, verwehrt er den Kindern wichtige Lern- und Glückserfahrungen.

 ## Wie kann es besser laufen?

Um Kinder bei ihren Erfahrungen achtsam begleiten zu können, müssen wir verstehen, welche Möglichkeiten ein solcher Lernprozess bieten kann, wenn er ungestört abläuft:

Lernen mit allen Sinnen
Durch ihre Aktivität mit allen Sinnen (Tasten, Riechen, Schmecken) erweitert Katinka ihre Sinneswahrnehmung und differenziert sie. Sie nimmt die Beschaffenheit der Muschel wahr und erarbeitet sich ihre Qualitäten. Dabei zeigt sie große Ausdauer und Konzentration. Da sie mit der Erfahrung,

die sie mit der ersten Muschel gemacht hat, glücklich und zufrieden ist, möchte sie diese Erfahrung wiederholen und vertiefen. Dieser Mechanismus ist übrigens in der Chemie unseres Körpers angelegt: Wenn wir etwas Neues lernen, wird das »Glückshormon« Dopamin ausgeschüttet, das die Aufmerksamkeit steuert und »Lust auf mehr« macht. Die intrinsische Motivation (also die Motivation durch die von der Aufgabe selbst ausgehenden Anreize) wird also angeregt.

Festigung der Erfahrungen durch Wiederholung und anschließende Ruhephasen

Durch die Wiederholung von Lernerfahrungen werden im kindlichen Gehirn Strukturen und Muster entwickelt und gefestigt, auf die es später zurückgreifen kann. Nur wenn gelernte Zusammenhänge immer wieder erfahrbar sind und angewendet werden, gehen sie vom flüchtigen Wissen in Können über. Kinder wiederholen deshalb von sich aus neu Gelerntes immer und immer wieder.

Sich über längere Zeit konzentriert mit einer Sache zu beschäftigen erfordert für Kleinstkinder sehr viel Konzentration und Energie. Die vielen Sinneseindrücke, die dabei auf sie einstürmen, müssen zwischendurch immer wieder verarbeitet werden. Die Kinder haben deshalb von sich aus häufig den Impuls, sich im Anschluss räumlich zurückzuziehen, und es kann auch passieren, dass sie dann kurz einschlafen. In Ruhe- oder Schlafzuständen werden die gemachten Erfahrungen ausgewertet und im Gedächtnis gesichert. Das wiederum ist die Voraussetzung für nachhaltiges Lernen. Ein Kind, das sich nach konzentriertem Tun zum Ausruhen in seine Lieblingskuschelecke zurückzieht, sichert also von selbst seine Lernerfahrungen und sorgt dafür, dass diese in sein Gedächtnis transferiert werden.

Aus diesen Beobachtungen können wir für den täglichen Umgang mit Kindern unter Drei in Betreuungseinrichtungen folgende Handlungsmaximen ableiten:

Feinfühlend wahrnehmen und beobachten

In dem geschilderten Beispiel beobachtet Bernd Katinka nur kurz. Durch seine Vorsicht und die Angst, das Kind könne sich verletzen, ist ihm der Zugang dazu verwehrt, was Katinka im Moment ihrer sinnlichen Erkundung erlebt und fühlt. Somit ist es ihm auch gar nicht möglich zu reflektieren, was das Kind in dieser Situation lernt bzw. lernen könnte. Wenn er dagegen neben seinen Sicherheitsbedenken auch die Chancen der Situation als Bildungsgelegenheit wahrnehmen würde, könnte er nach kurzem Abwägen von Gefahr und Nutzen Katinkas Spiel weiter zulassen.

Eigene Ängste und Grenzen reflektieren

Pädagogische Fachkräfte, die mit Krippenkindern arbeiten, müssen fortwährend ihre eigenen Ängste und Unsicherheiten reflektieren. Sie sollten sich immer wieder vergegenwärtigen, dass sie durch ihre eigenen Grenzen Kinder schnell davon abhalten können, wertvolle Körper- und Sinneserfahrungen und damit auch wichtige Bildungserfahrungen zu machen. Da jeder von uns sein ganz persönliches Paket an Ängsten mit sich herumschleppt, ist der Blick für die objektive Gefährlichkeit einer Situation oft verstellt. Ein Austausch mit Kollegen macht uns dann oft schnell klar, dass unsere Ängste in manchen Situationen übertrieben sind.

Ausgehend davon können dann im Team die Bildungsmöglichkeiten und -hemmnisse von Kleinstkindern in der gesamten Einrichtung besprochen und gemeinsame Sicherheitsrichtlinien entworfen werden. Schließlich ist es wichtig, dass nicht eine pädagogische Fachkraft einem experimentierfreudigen Kind etwas verbietet, was die andere gerade noch erlaubt hat.

Dem Kind Vertrauen schenken

Ganz grundsätzlich sollten Eltern und alle mit der Betreuung von Kindern beschäftigten Personen Vertrauen haben, dass die Kinder die Aufgaben, die sie sich selbst stellen, auch bewältigen können, ohne dass ihnen dabei etwas passiert oder dass sie gar einen Schaden davontragen. Nur dann ist es nämlich möglich, das Kind authentisch in seinem Erkunden zu ermutigen und unterstützen. Kinder wissen in der Regel sehr gut, welche Aufgaben sie bewältigen können, ohne sich in Gefahr zu bringen. Dieses intuitive Verhalten geht erst dann verloren, wenn einem Kind beständig durch Verbote und Warnungen (»Das kannst du noch nicht«, »Dafür bist du noch zu klein«, »Vorsicht, du tust dir gleich weh!«) von Erwachsenen die Kompetenz dazu abgesprochen wird.

Sichere Materialien anbieten

Natürlich darf in Kinderkrippen nur Material angeboten wird, mit dem die Kinder auch gefahrlos hantieren können. So sollten Puppen oder Kuscheltiere keine Teile aufweisen, die sich durch Beanspruchung ablösen können. Augen und Nasen der Spielsachen dürfen deshalb nicht mit Nieten oder Perlen versehen sein. Kleineres Spiel- und Konstruktionsmaterial sollte eine Mindestgröße von 4,5 Zentimetern haben, so dass es von den Kindern nicht verschluckt oder in irgendwelche Körperöffnungen gesteckt werden kann. Naturmaterialien sollten gereinigt angeboten werden, damit die Kinder beim Erkunden mit dem Mund nicht unbedingt mit Erde oder Sand in Berührung kommen.

Pädagogische Fachkräfte in Krippen sollten sich im Übrigen nicht nur fragen: Welches Material bieten wir den Kindern an?, sondern auch: Was ist in Reichweite der Kinder? Denn was für die Kinder erreichbar ist, sollte auch zum Spielen geeignet sein.

Das sinnliche Erkunden sprachlich begleiten

Bernd in unserem Beispiel könnte sich Katinka zuwenden und in Worten ausdrücken, was sie gerade macht. Wenn Katinka die Muschel befühlt, könnte er z. B. sagen: »Fühlt sich die Muschel hart an? ... die hat solche Rillen außen ... und innen ist sie ganz glatt ...« Oder er könnte fragen: »Wie riecht die Muschel denn?« Dadurch würde er das Kind dabei unterstützen, weiter zu erkunden und seine Sinneserfahrungen zu intensivieren, und ihm außerdem Wörter und Bezeichnungen für die Eigenschaften der untersuchten Dinge anbieten.

Aus der Fülle von Sinneseindrücken, die Kinder durch vielfaches Wiederholen und Variieren erhalten, entwickeln sie nach und nach auf der Erfahrungsebene ein Verständnis von den Qualitäten ihrer Umgebung. Unterstützt durch sprachliche Begleitung können sie diese Erfahrungen dann noch mit Begriffen füllen. Die Verbindung von Sinneswahrnehmung und Sprache führt somit zu einem ganzheitlichen Erfassen.

Die Wirkung des Raums auf Sinne und Wahrnehmung nutzen

Die Räume, in denen wir einen Großteil unseres Tages verbringen, haben auch bei uns Erwachsenen großen Einfluss auf unser Wohlbefinden. Für Kinder sind Räume noch prägender, denn ihre Umgebung bestimmt mit, welche Sinnes- und damit auch Lernerfahrungen sie machen dürfen.

***

Der Raum als dritter Erzieher in der Reggio-Pädagogik

Aus der Arbeit der kommunalen Krippen und Kindergärten im norditalienischen Reggio nell'Emilia entwickelte sich ab den 1960er-Jahren unter der Federführung von Loris Malaguzzi die sogenannte Reggio-Pädagogik. In diesem anerkannten pädagogischen Konzept werden Kinder als »eifrige Forscher« angesehen und ihre Kompetenzen in den Mittelpunkt gerückt. Der Raum soll dabei als »dritter Erzieher« fungieren. Das bedeutet, dass die Räumlichkeiten von Kindertagesstätten Geborgenheit vermitteln, durch die Bereitstellung von Material Impulse für Projekt- und Spielaktivitäten geben und zur Kommunikation einladen sollen.

***

Planer von Krippen und Kindertageseinrichtungen und pädagogische Fachkräfte sollten die Chance nutzen, den Raum als dritter Erzieher zu betrachten, und Rahmenbedingungen schaffen, die die Bildungs- und Entwicklungsprozesse von Kindern unterstützen.

So könnten z. B. verschiedene Bodenbeläge aus Holz, Kork oder Teppich verwendet werden oder auch Plüsch- und Wolldecken, über die Kleinstkinder krabbeln können. An den Wänden könnten kleine Fühlstrecken angebracht werden mit unterschiedlichem Material. Spiegel im Raum, z.B. auf dem Boden und an der Decke, oder die bei Kindern sehr begehrten Spiegeltrapeze schaffen wunderbare optische Eindrücke und Erfahrungen.

Auch das Angebot an Spiel- und Beschäftigungsmaterial sollte in Oberflächenbeschaffenheit, Form, Farbe und Material möglichst vielseitig sein. Im Anschluss an Kapitel 7 finden Sie eine Übersicht mit geeignetem Material für die Jüngsten (*siehe Seite 83*).

Natur und Sinne

Auch der Naturraum kann als dritter Erzieher wirken. Kinder können dort die Jahreszeiten und Naturmaterialien, das Wetter und Naturelemente hautnah erfahren. Deshalb ist es wichtig, dass sie viel draußen spielen. Das Außengelände von Kindertageseinrichtungen sollte vielfältige Körper- und Raumerfahrungen ermöglichen. Es sollte hügelig sein und Plätze und Nischen zum Verstecken besitzen. Auch ein Sandkasten ist wichtig, der allerdings nicht mit zu viel fertigem Sandspielzeug überfrachtet werden darf. Stattdessen sollte es Wasser, Gießkannen und Schöpfkellen geben. Das entspricht den Bedürfnissen der Kinder nach Matschen und Formen.

Kindertagesstätten mit sogenannten Außengruppen und Waldkindergärten verfolgen den Gedanken von der entwicklungsfördernden Wirkung des Naturraums noch konsequenter.

Gezielt Sinneserfahrungen anbieten

Auf den folgenden Seiten finden Sie ein paar ganz konkrete Möglichkeiten zur Wahrnehmungsförderung bei Kleinstkindern im pädagogischen Alltag. Die Beispiele sind dem Buch »Wahrnehmungsförderung für Kleinkinder« von Brigitte Wilmes-Mielenhausen entnommen, erschienen im Herder Verlag, 2006.

SPIELE ZUR WAHRNEHMUNGSFÖRDERUNG

Jetzt kommt der Sandmann
Alter/Entwicklungsstand: ab 1 Jahr
Mitspieler: 4–6 Kinder
Material: Vogelsand oder sauberer Sand aus der Sandkiste, unterschiedliche Schüsseln und Wannen, große Plastikplane
Ort/Raum: Bewegungsraum
Spielanleitung: Legen Sie eine große Plastikplane auf den Boden. Kippen Sie in die Mitte Vogelsand. Sie können den Sand auch in eine Plastikwanne, mehrere Schüsseln oder in ein aufgepustetes Kinderplanschbecken geben. Beobachten Sie, wie die Kinder auf den Sand reagieren. Streuen Sie den Sand über die Hände/Füße der Kinder. Sie können den Kindern Joghurtbecher, Löffel, Trichter oder Sandförmchen geben.
Variation: Verstecken Sie Gegenstände in einer Sandwanne und lassen Sie die Dinge ertasten.
Kippen Sie ein wenig Sand auf einen großen Spiegel am Boden. Wer möchte darauf kritzeln/malen?
(Wilmes-Mielenhausen 2006, S. 21)

Wir sind die Musikanten
Alter/Entwicklungsstand: ab 2 Jahre
Mitspieler: Klein- und Großgruppe
Material: Kaffeedosen, Plastikschläuche, Pappröhren, Trichter, Klangstäbe, Joghurtbecher/Plastikflaschen (gefüllt mit Reis, Erbsen ...), Glocken, Schellenbänder, Handtrommeln, große Bausteine, ...
Ort/Raum: Gruppenraum, Bewegungsraum
Hinweise: Bei der Verteilung der Instrumente die kindlichen Wünsche berücksichtigen.
Spielanleitung: Jedes Kind bekommt ein »Instrument«. Zunächst heißt es: ausprobieren. Es darf nach Herzenslust geklopft, geblasen, geschüttelt, geklingelt werden.

Groß und Klein zusammen: Ein großes Kind spielt »Dirigent«. Es hebt den »Taktstock« und das Spiel beginnt. Senkt es den »Taktstock« wieder, sollte es mucksmäuschenstill werden. Mal sehen, ob das klappt!
(Wilmes-Mielenhausen 2006, S. 52 f.)

Reifen-Karussell
Alter/Entwicklungsstand: ab 2 Jahre
Mitspieler: Kleingruppe
Material: 1 Gymnastikreifen (bei der Variation ca. 8–10 Reifen)
Ort/Raum: Bewegungsraum, Halle
Spielarleitung: Die Erzieherin und alle Mitspieler fassen mit einer Hand den Gymnastikreifen an. Auf diese Weise gehen sie im Kreis herum. Nun beschleunigen die Kinder das Tempo. »Klingeling!«, ruft die Erzieherin und das Karussell bleibt stehen.
Variation: Legen Sie viele Reifen nebeneinander auf den Boden, sodass sie einen Kreis bilden. Die Kinder bewegen sich rings herum, indem sie von Reifen zu Reifen gehen oder hüpfen oder außen herum laufen. Wer stellt sich in einen Reifen und dreht sich um die eigene Achse?
(Wilmes-Mielenhausen 2006, S. 78)

7

»Jakob will es ganz genau wissen ...«

Den Forschergeist der Kinder anregen und unterstützen

Jakob, zweieinhalb Jahre alt, sitzt auf einem Spielteppich. Er holt aus einem Korb alle möglichen Gefäße, wie leere Plastikflaschen, Chipsrollen, Blechdosen, Joghurtbecher usw., und stapelt einige Gefäße aufeinander. Die Türme fallen jedoch schnell wieder in sich zusammen. Er versucht es immer wieder mit unterschiedlichen Materialien. Sein Gesicht zeigt dabei Erstaunen und Interesse. Dann hat er eine neue Idee: Er holt sich ein Kästchen mit farbigen Tischtennisbällen dazu, stellt alle Gefäße mit der Öffnung nach oben auf den Boden und lässt in jedes Gefäß einen kleinen Ball fallen. Jetzt betrachtet er zufrieden sein Werk.

Weil er die Bälle wieder herausholen will, steckt er seine Hand in eine Plastikflasche. Aber sie bleibt in der Flaschenöffnung stecken. Er drückt und zieht, schüttelt den Arm mit der Flasche dran, streckt ihn auch nach oben und bewegt ihn hin und her, aber die Hand will nicht herausgehen.

Conny, die Erzieherin, schaut in diesem Moment zu Jakob und erschrickt darüber, wie irritiert das Kind schaut. Sie ruft: »Was hast du denn gemacht, Jakob? Warte, ich helfe dir!« Dann befreit sie Jakobs Hand aus der Flaschenöffnung und sagt: »Da haben wir aber Glück gehabt. Die Flaschen sind ja aber auch nicht zum Hände-Reinstecken da!«

Jakob lässt die Flasche liegen und wendet sich auch von den anderen Gegenständen ab, mit denen er kurz zuvor noch gespielt hat.

Was ist hier passiert?

Jakob verwendet die Dinge seiner Umgebung anders als seine Erzieherin sich das vorstellt.

Pädagogische Fachkräfte haben manchmal eine bestimmte Vorstellung davon, wie Kinder mit bestimmten Dingen umgehen sollen. Diese Vorstellungen weichen zuweilen davon ab, was die Kinder damit tun wollen. Das ist auch in unserem Beispiel so. Conny bringt gegenüber Jakob zum Ausdruck, dass sie sich die Benutzung der Gefäße anders vorstellt, als er es in der von ihr beobachteten Situation tut. Sie hat jedoch nicht mitbekommen, wie Jakob vorher mit den Gegenständen hantiert und experimentiert hat.

Conny stört Jakob in seinem Lernprozess, ihr Ratschlag sendet ungewollt eine negative Botschaft.

Jakob folgt aus eigenem Antrieb seinen inneren Impulsen. Er entscheidet sich frei und ungelenkt für seine Tätigkeit. Er bestimmt über die Objekte seines Spiels, aber auch über den Ort und (zunächst) auch über die Zeit.

Als Conny Jakobs Hand aus dem Flaschenhals befreit hat, kommentiert sie sein Tun. Ihre Äußerung, dass Flaschen nicht dazu da sind, die Hände hineinzustecken, ist zwar gut gemeint, aber eigentlich überflüssig. Aufgrund seiner Erfahrung wird Jakob das wahrscheinlich künftig ohnehin nicht mehr ausprobieren.

Unterschwellig vermittelt eine pädagogische Fachkraft aber einem Kind mit solchen Äußerungen auch: »Es ist nicht in Ordnung, wenn du die Dinge deiner Umgebung erkunden willst. Das ist verboten.« Damit werden Vertrauen und Selbstwertgefühl des Kindes beeinträchtigt. Das Kind entwickelt ein Gefühl von: »Ich habe etwas falsch gemacht«. Auch in unserem Beispiel ist Jakob verunsichert und wendet sich von seinem bisherigen Spiel ab.

Wie kann es besser laufen?

Kinder haben einen genetisch verankerten Impuls zum Entdecken, Erforschen und Gestalten. Das wird in der Alltagssprache auch »freies Spiel« genannt. Dieser Impuls dient der Weiterentwicklung ihrer Intelligenz. »Raum, Zeit und Möglichkeiten für freies Spiel sind von den ersten Lebensmonaten an daher Wachstumsbedingungen für den Rohstoff Intelligenz.« (*Gründler 2008, S. 67*)

Um festzustellen, wie wir Kinder bei ihren Erforschungsprozessen und der Entwicklung ihrer Intelligenz einfühlsamer begleiten können, als das in unserem Beispiel der Fall ist, wollen wir uns zunächst wieder Jakobs Erforschungsprozess etwas genauer ansehen:

Jakob entwickelt kreative Intelligenz

Jakob sammelt Erfahrungen, wie sich Gegenstände im Raum verhalten. Er selbst ist dabei Ausgangspunkt und zugleich Bezugsgröße seiner Erfahrungen. Für sein Spiel bzw. seine Entdeckungsarbeit braucht er weder Anleitung noch Hilfe. Die Handlungsabfolge (Türme aus den Gefäßen bauen, die Gefäße mit Bällen füllen, die Bälle wieder herausholen) folgt einer gewissen Kreativität. Kreativität ist eine ganz ursprüngliche menschliche Fähigkeit. Jakob probiert spielerisch aus, ob und wie die Dinge zusammen passen. Durch das Wiederholen und Üben seiner Handlungen entwickelt er seine Kreativität.

Jakob verleiht den Dingen seine eigene Bedeutung

Durch sein Experimentieren mit den Gegenständen seiner Umgebung und seine ganz eigenen Erfahrungen setzt er sich mit ihnen in Beziehung. Er erfährt Scheitern und Erfolg, erlebt Spannung, Überraschung und auch Freude. Er ist interessiert, engagiert und zufrieden. Sein Tun ist emotional durchdrungen. Dadurch gewinnen die Gegenstände für ihn eine eigene, individuelle Bedeutung.

Er setzt aber auch die Gegenstände zueinander in Beziehung, indem er z.B. kleine Bälle in die Gefäße füllt. Auch auf diesem Weg verleiht er ihnen eine eigene Bedeutung.

Jakob sammelt wichtige Bildungserfahrungen

Der Junge macht spielerisch bereits wichtige naturwissenschaftliche Erfahrungen. Er erlebt die Gesetze der Schwerkraft und der Statik. Er macht Erfahrungen mit Formen und Größenrelationen und entwickelt sogar Ordnungsprinzipien. Es werden demnach physikalische und mathematische Grundprinzipien erkundet. Ebenso lernt er durch die Berührung unterschiedliche Oberflächenbeschaffenheiten und Materialeigenschaften kennen (Plastik, Blech, Pappe).

Daneben entwickelt Jakob Strategien, wie er Gegenstände aufeinander stapeln kann. Er überlegt, was er noch alles mit den Dingen tun kann. Er stellt die Gefäße nebeneinander und befüllt sie mit anderen Gegenständen.

Aufgrund seiner bisherigen Erfahrungen mit diesen oder auch anderen Gegenständen, vielleicht auch aufgrund von Beobachtungen bei anderen Personen kann er diese Denkprozesse durchführen. Das hat etwas mit symbolischem Denken zu tun.

Aus diesen Beobachtungen können wir folgende Handlungsstrategien für den Umgang mit »eifrig forschenden« Kleinstkindern ableiten:

Aufmerksam präsent sein
Kleinstkinder können dann am entspanntesten und konzentriertesten forschen, wenn die vertraute Bezugsperson im gleichen Raum aufmerksam präsent ist. Ohne diese zugewandte Präsenz des Erwachsenen, zu dem das Kind eine sichere Beziehung hat, kann es sich nicht hinreichend der Erforschung seiner Umwelt widmen.
In unserem Beispiel könnte Conny also Jakobs Forschertätigkeit unterstützen, indem sie ihn aus einer gewissen Entfernung heraus aufmerksam beobachtet, so dass Jakob das spürt. Sie könnte ihm zwischendurch einmal zulächeln oder zunicken. Jakob wäre sich somit Connys Aufmerksamkeit sicher, wüsste, dass sie seinem Explorationsstreben wohlwollend gegenüber steht, und könnte jederzeit mit ihr Kontakt aufnehmen und auch seine Freude an seinen Entdeckungen mit der Erzieherin teilen.
Leider kommt es jedoch im Krippenalltag immer wieder vor, dass man nicht alle Kinder zugleich im Blick haben kann und so entscheidende Momente für die Entwicklung einzelner Kinder verpasst. Um die Zahl dieser verpassten Gelegenheiten möglichst gering zu halten, ist es sinnvoll, sich unter den Gruppenkolleginnen tage- oder wochenweise abzusprechen, wer für die Beobachtung welcher Kinder zuständig ist. So lassen sich systematische und verlässliche Strukturen zur Beobachtung installieren.

Beobachtungen festhalten
In einer Krippengruppe (wie auch in Gruppen mit älteren Kindern) sollte immer ein Fotoapparat bereitliegen, mit dem die pädagogischen Fachkräfte derartiges Explorationsverhalten und Bildungsprozesse von Kindern foto-

grafisch festhalten können. (Am besten ist natürlich, wenn das Kind gar nicht wahrnimmt, dass es fotografiert wird, und so auch nicht in seinem Tun unterbrochen wird.) Anhand der Fotos können Erzieherinnen anschließend mit den Kindern über die Situationen und die damit einhergehenden Erfahrungen sprechen. Auf diesem Weg können die Lernprozesse der Kinder intensiviert und nachhaltig verankert werden. Die Fotos der Kinder können anschließend z.B. in einem Portfolio für jedes einzelne Kind gesammelt werden. Die Anfertigung von Portfolios wird im nächsten Kapitel beschrieben (*siehe Seite 88 ff.*).

Darüber hinaus wertet das Festhalten solcher Situationen das kindliche Tun auf. Dasselbe wird bewirkt, wenn die Erzieherin dies als Anlass für einen Eins-zu-Eins-Dialog mit dem Kind nutzt. Das Kind erfährt dadurch viel Aufmerksamkeit und Zuwendung und wird in seinem Selbstbewusstsein gestärkt.

PRAXISTIPP

Ängste oder Unsicherheiten verleiten uns im pädagogischen Alltag manchmal, spontan auf eine Weise zu reagieren, die bei ruhiger Betrachtung nicht als das Mittel der Wahl erscheint. In solchen Fällen lässt sich das oft im Nachhinein korrigieren: In unserem Fall hätte Conny z.B. trotz ihrer etwas schroffen Aussage, die dazu führt, dass Jakob seine Tätigkeit aufgibt, wieder an Jakobs ursprüngliches Interesse anknüpfen können, indem sie sagt: »Entschuldige, ich bin gerade ein bisschen erschrocken. Aber jetzt ist alles wieder gut. Spiel ruhig weiter. Das macht dir Spaß, oder?« Damit hätte sie die Aufmerksamkeit des Kindes wieder auf sein ursprüngliches Tun zurückgelenkt und ihm die Erlaubnis dafür ausgesprochen, weiter mit den Dingen so zu verfahren, wie es ihm Spaß macht.

Spielmaterial und seine Bedeutung

Wenn Erzieher einfühlsam und achtsam beobachten und sich mit den Kindern über ihre Beobachtungen austauschen, können sie einen Zugang dazu erlangen, welche Bedeutungen die Kinder den Dingen in ihrer Umgebung geben. Das setzt jedoch voraus, dass die pädagogischen Fachkräfte den Kindern ihren eigenen Umgang mit den Dingen zugestehen und ihn nicht bewerten.

Kleinstkinder können mit einfachen Materialien oftmals vielfältigste Bildungserfahrungen machen. Häufig sind »wertloses« Material und alltägliche Gebrauchsgegenstände viel interessanter und wertvoller für ihre Lernprozesse, als vorgefertigtes, angeblich »pädagogisch wertvolles«, aber oft nur einseitig verwendbares Spielmaterial. In unserem Beispiel erleben wir, wie attraktiv diese Materialien für Jakob sind und wie vielseitig solches Spielzeug in seiner Handhabung ist.

Grundsätzlich geht es aber nicht darum, Kleinstkindern ständig möglichst viel Spielmaterial vorzusetzen, sondern Material mit unterschiedlichem Aufforderungscharakter anzubieten. Die Dinge, die zur Verfügung gestellt werden, sollten auch immer wieder durch andere noch unbekannte ersetzt werden. Somit werden für die Kinder immer wieder neue Anreize geschaffen, die Dinge in ihrer Umgebung zu erkunden und damit zu experimentieren.

Gerade in der Arbeit mit Kindern unter Drei bedarf es deshalb eines gezielten Angebotes an Spiel-»Zeug«. Die folgende Liste ist der Handreichung »Erziehung, Bildung und Betreuung für die Jüngsten« (hrsg. 2008 vom Landesverband Kath. Kindertagesstätten Diözese Rottenburg-Stuttgart e.V.) entnommen und soll Anregungen liefern für das Materialangebot für Kinder unter drei Jahren. Die Aufzählung kann natürlich nicht vollständig sein, soll Sie aber dazu anregen, weitere Überlegungen für die Ausstattung der Räume in Ihrer Einrichtung anzustellen.
In erster Linie soll deutlich gemacht werden, dass es nicht darauf ankommt, kleinen Kindern perfektes Spielzeug anzubieten. Vielmehr sollen sie mit einer Vielfalt von Dingen und Materialien in Berührung kommen, denen sie selbst durch ihr Tun Bedeutung verleihen.

GEEIGNETES SPIELMATERIAL FÜR DIE KLEINSTEN

Kleinkindspielzeug
Holzklötze, Holzeisenbahn, waschbare Stofftiere und (Hand-)Puppen, Puppenwagen, Spielzeugautos, Bälle, Mobile, Kugelbahn, Stapelbecher, Quietschtiere, Nachzieh- und Schiebetiere, Bilderbücher, große Bausteine ...

Dinge des täglichen Gebrauchs aus Haushalt, Küche und Werkstatt
Besen, Bürsten, Kehrschaufel, Becher, Schüsseln, Wanne, Wäscheklammern, Wecker, Schlüssel, Spiegel, Töpfe, Tassen, Besteck, Siebe, Holzlöffel, Kochlöffel, Suppenkelle, Holzbretter, Holz- und Kunststoffhammer, Werkbank, Taschenlampen, Strohhalme, Uhren, Siebe, Schlüssel, Trichter, Messbecher, Fahrradklingel, Luftpumpe ...

Behälter und Gefäße jeglicher Art
Taschen, Koffer, Eimer, Säcke, Kisten, Kartons, Dosen, Plastikflaschen mit verschiedenen Verschlüssen ... Keine Plastiktüten, da Unfallgefahr!

Werkstoffe zum Gestalten
Papier (Zeitungs-, Krepp-, Seidenpapier, Tapete), Pappe, Eierkartons, Kataloge, Klopapierrollen, Schachteln, Gasbetonstein, Korken, Stoffe, Holz ...

Materialien zum Malen, Modellieren, Matschen, Kleben
Knete, Salzteig, Pappmaché, Gips, Ton, Kreide, Quark, Kleister, Wasser, Schmierseife, Farben (Fingerfarbe, Fensterfarbe, Stifte) ...

Natur-Materialien
Steine, Äste, Blätter, Blüten, Sand, Kastanien, Fell, Muscheln, Tannenzapfen, Schneckenhäuser, Nüsse, Stroh, Baumrinde ...

Materialien für Spiel und Rollenspiel
Kleider, Stoffe, Tücher, Hüte, Schuhe, verschiebbare Möbel, tragbare Polster, Schminkfarbe, Bürste, Kämme, Spiegel, Kissen, Decken ...

Sinnesmaterial
Massagebälle, Musikinstrumente, Klangkissen, Luftballons, Fernglas, Lupe, Spiegel, Fühlsäckchen, Klangdosen ...

Bewegungsmaterial
Trampolin, Matratzen, Rutsche, Schwungtuch, Schaumstoffrollen, unterschiedliche Schaukeln, Hängematten, Rollbretter ...

8.

»Bei Nele hat sich viel getan!«

Dokumentation und Austausch in der Erziehungs-partnerschaft

*F*rau Kaiser fragt jeden Tag beim Abholen, ob ihre Tochter Nele ordentlich gegessen hat, ob sie Stuhlgang hatte und wie lange sie geschlafen hat. Außerdem will sie regelmäßig wissen, ob es »etwas Besonderes« oder »etwas Neues« gegeben hat. Claudia, die Gruppenerzieherin, versucht der Mutter, so gut sie kann, Auskunft zu geben und sich alles in Erinnerung zu rufen, was sich den Tag über bei Nele ereignet hat. Da sie die Kinder sehr aufmerksam wahrnimmt und genau beobachtet, bekommt Frau Kaiser immer ausreichend Information über Nele.

Wenn Claudias Dienst endet, bevor Frau Kaiser ihre Tochter abholt, ist jedoch ihre Kollegin Susanne Ansprechpartnerin für die Mutter. Falls Claudia dann nicht daran gedacht hat, in der Übergabesituation alle Informationen weiterzugeben, muss Susanne bei manchen Fragen von Frau Kaiser leider passen, bis diese sich einmal beschwert: »Das muss mir doch irgendjemand sagen können!«

Susanne bringt ihre Erfahrungen mit dieser unbefriedigenden Situation in der Teamsitzung ein. Sie wünscht sich einen besseren internen Informationstransfer. Die Leiterin der Krippe greift dieses Anliegen gerne auf. Darüber hinaus möchte sie grundsätzlich im Team darüber reflektieren, ob die Eltern in der Einrichtung über Wohlergehen und Entwicklung ihrer Kinder ausreichend informiert sind.

Was ist hier passiert?

Frau Kaiser fühlt sich nicht ausreichend informiert.
Frau Kaiser will ihr Kind gut versorgt wissen. Deshalb sind für sie Informationen über die Ernährung, den Stuhlgang und den Schlaf ihres Kindes natürlich von Interesse. Sie will auch erfahren, ob es irgendwelche besonderen Ereignisse bei ihrem Kind gab. Eltern wollen generell wissen, wie es ihrem Kind in der Krippe geht und wo es in seiner Entwicklung steht. Es ist ihr gutes Recht und entspricht ihrer Fürsorge um das eigene Kind.

Manchmal steckt bei Eltern auch ein schlechtes Gewissen hinter diesen Fragen, denn sie würden ihr Kind gerne selbst versorgen, müssen aber arbeiten gehen.

Es gibt ein Informationsdefizit.
Wie in unserem Beispiel deutlich wird, beruhigt es Eltern, wenn sie von den pädagogischen Fachkräfte tagtäglich über die Belange ihres Kindes informiert werden. Claudia beobachtet Nele deshalb sehr aufmerksam und konstant. Bislang versäumt sie es jedoch noch, ihre Beobachtungen über die Ereignisse aus dem Tagesgeschehen konsequent und strukturiert an die Kollegin, die beim Abholen Neles in der Gruppe ist, weiterzugeben. Als diese Frau Kaiser dann nicht hinreichend Auskunft geben kann, ist die Mutter verunsichert und sogar etwas ärgerlich. Möglicherweise fürchtet sie, dass ihrem Kind nicht genügend Aufmerksamkeit geschenkt wird und es dadurch Schaden nehmen könnte.

Das Vertrauen der Mutter ist gestört.
Durch das Informationsdefizit ist auch Frau Kaisers Vertrauen gegenüber Neles Erzieherinnen beeinträchtigt. Das Wohlbefinden Neles hängt jedoch unter anderem auch davon ab, dass ihre Mutter sie mit einem guten Gefühl in die Krippe bringt und sie beruhigt dortlassen kann. Deshalb ist es sowohl im Hinblick auf die Mutter als auch auf das Kind wichtig, dass die Situation geändert wird und Frau Kaiser den Fachkräften in der Krippe wieder voll vertrauen kann.

Die Situation ist für alle Beteiligten unbefriedigend.
Susanne ist mit der oben beschriebenen Situation natürlich unzufrieden. Zum einen ist es ihr unangenehm, vor der Mutter unwissend da zu stehen. Sie kann die Mutter aber auch gut verstehen, wenn diese darüber ärgerlich und verunsichert ist.
Zum anderen fühlt sich die Erzieherin nicht ausreichend von ihrer Kollegin, mit der sie ansonsten gut zusammen arbeitet, informiert. Sie möchte deshalb eine Lösung für dieses Problem finden. Weil sie denkt, dass dieser As-

pekt auch für die anderen Kolleginnen wichtig sein könnte, bringt sie das Thema in einer Teamsitzung zur Sprache.

Die Leiterin der Krippe greift Susannes Anliegen gerne auf. Sie erkennt die Brisanz der geschilderten Situation und regt eine grundsätzliche Diskussion an, bei der die Teilhabemöglichkeiten der Eltern an den täglichen Ereignissen wie auch an der Entwicklung ihrer Kinder insgesamt reflektiert werden sollen.

Wie kann es besser laufen?

Krippenkinder befinden sich in einer sehr bedeutsamen und ereignisreichen Entwicklungsphase. Durch die Trennung von ihren Kindern während des Krippenaufenthaltes können Eltern jedoch oftmals ganz wichtige und einschneidende Momente in der Entwicklung ihres eigenen Kindes nicht miterleben (z.B. das erste Wort, das erste Sich-Aufrichten zum Sitzen, die ersten eigenständigen Schritte etc.).

Darum ist es wichtig, dass Erzieherinnen die Eltern an diesen Ereignissen teilhaben lassen. In Kita und Krippe müssen deshalb Formen und Methoden gefunden werden, die sich eignen, Informationen regelmäßig, strukturiert und umfangreich genug zu erfassen, und die innerhalb des gegebenen Arbeitsalltags und Dienstplans umsetzbar sind.

Gruppentagebücher führen

Einrichtungen sollten deshalb zum einen die täglichen Abläufe und Ereignisse dokumentieren. Eine besonders geeignete Methode dafür ist das Führen eines Gruppentagebuches, das es den Fachkräften erlaubt, wichtige Informationen über die einzelnen Kinder ihrer Gruppe auf einen Blick einzusehen. Dabei werden in einem Teil für jedes Kind grundsätzliche Informationen niedergelegt wie Allergien, Gewohnheiten/Rituale oder Sonstiges, auf das regelmäßig zu achten ist. Im zweiten Teil werden tägliche und aktuelle Begebenheiten für jedes einzelne Kind (z.B. Nahrungsaufnahme, Ausscheidungen, Schlafverhalten und Gemütsverfassung) festgehalten.

Die Informationen sollten kurz, knapp und übersichtlich notiert werden. Das spart Zeit beim Dokumentieren und beim Informieren. Dieses Buch dient dann auch der Übergabe beim Schichtwechsel in der Gruppe. Am Ende dieses Kapitels finden Sie eine Mustergliederung für ein Gruppentagebuch (*siehe die Seiten 92 und 93*).

Hätte in unserem Beispiel ein solches Gruppentagebuch vorgelegen, wäre Susanne auch hinreichend informiert gewesen und hätte Neles Mutter alle wichtigen Ereignisse des Tages weitergeben können.

Entwicklung beobachten und dokumentieren

Außer Formen zur Dokumentation der täglichen Ereignisse müssen Methoden zur Beobachtung und Dokumentation der individuellen Entwicklung der einzelnen Kinder implementiert werden.

Es gibt bereits viele unterschiedliche Instrumente und Materialien zur systematischen und strukturierten individuellen Beobachtung in den verschiedenen Entwicklungsbereichen von Kindern. Am Ende des Buches finden Sie zahlreiche Literaturtipps zu diesem Thema (*siehe Seite 94f.*).

Zum anderen eignen sich zum Festhalten von Bildungs- und Entwicklungsschritten der Kinder sogenannte Portfolios hervorragend. Der Begriff »Portfolio« wird im Allgemeinen sowohl für eine Zusammenstellung von Gegenständen als auch für eine Mappe (zum Zusammentragen von Blättern) gebraucht. In unserem Fall können dafür z. B. mehrere feste Blätter zu einer Art Buch zusammengefasst werden. Im Portfolio können regelmäßig Berichte über Entwicklungsschritte und Lernerfolge des Kindes eingeheftet oder -geklebt werden, aber auch Äußerungen und Werke des Kindes selbst wie z. B. Kritzelbilder und Gemälde. Auch Eltern können sich aktiv in die Portfolioarbeit einbringen. Hier sind einige Anregungen zur Beteiligung der Eltern an den Portfolios im Krippenbereich:

Mitgestaltung des Portfolios durch die Eltern

- »Ein Brief zum Krippenanfang an unser Kind«
- »Welchen Namen wir für unser Kind ausgewählt haben und warum«
- Steckbrief der Eltern von ihrem Kind (Name, Geburtsgewicht, Eltern, Geschwister, »isst gerne«, »trinkt gerne«, »schläft so viel«, »kann schon«...). Die Eltern können ein- oder zweimal im Jahr einen neuen Steckbrief schreiben. Er kann auch zur Vorbereitung des Entwicklungsgespräches dienen und zu diesem mitgebracht werden.
- Familienposter, von Eltern gestaltet

Zum Festhalten von Aktivitäten, Angeboten oder Projekten in der Krippe eignen sich auch Wanddokumentationen. In der Reggio-Pädagogik (*siehe Seite 72*) spricht man von »sprechenden Wänden«. Diese Informationsflächen sollen Bildungsprozesse von einzelnen Kindern und Gruppen anhand von Fotos und Kommentaren der Erzieherinnen transparent machen. Es können auch Aussagen der Kinder hinzugefügt werden.

Dokumentation unterstützt die Entwicklung des Ich-Bewusstseins der Kinder

Insbesondere das Portfolio, aber auch die Wanddokumentationen eignen sich in der Arbeit mit Kindern unter Drei nicht nur hervorragend zum Transparentmachen, sondern auch zum Erinnern von Bildungs- und Entwicklungsprozessen. Anhand des Dokumentationsmaterials können Kinder sich wieder entdecken und an bestimmte Situationen, Erfahrungen und Erlebnisse erinnert werden. Deshalb empfiehlt es sich, hier hauptsächlich mit Fotomaterial zu arbeiten.

Über die Fotos können pädagogische Fachkräfte mit Kindern in einen Dialog über ihre Lernerfahrungen und Entwicklungsfortschritte treten. Das stärkt das Bewusstsein der Kinder für ihre Kompetenzen und ihre Persönlichkeit. Die Kinder erfahren dabei sehr viel Aufmerksamkeit und Zuwendung und werden in der Entwicklung ihres Ich-Bewusstseins unterstützt.

Auch ihre Sprachentwicklung profitiert von dem dialogischen Austausch über das Portfolio.

Entwicklungsgespräche führen

Portfolios und Dokumentationen von strukturierten, systematischen individuellen Entwicklungsbeobachtungen dienen auch als Grundlage für Entwicklungsgespräche. Da sich im Entwicklungsalter von null bis drei Jahren sehr viele Entwicklungsprozesse ereignen und die einzelnen Schritte oftmals in schnellem Tempo aufeinanderfolgen, empfiehlt es sich, in der Krippe zweimal jährlich mit den Eltern ein Gespräch über die Entwicklung ihres Kindes zu führen. Auch bei den Entwicklungsgesprächen können Eltern aktiv mit einbezogen werden. So kann z. B. im Vorab ein Fragebogen zur Vorbereitung auf das Gespräch an die Eltern ausgegeben werden.

Während des Gespräches getroffene Vereinbarungen sollten schriftlich festgehalten und von pädagogischen Fachkräften und Eltern unterzeichnet werden. Damit wird deutlich, dass die Erziehungspartner beiderseits gemeinsam für das Wohl und die Förderung des Kindes eintreten und Verantwortung übernehmen.

Die hier aufgezeigten Methoden sind Beispiele dafür, wodurch sich eine lebendige und aktiv gestaltete Erziehungspartnerschaft auszeichnet, in der man Eltern auf einer Augenhöhe begegnet. Das schafft Vertrauen bei den Eltern, denn es wird signalisiert: »Wir wollen euch an der Entwicklung eures Kindes teilhaben lassen.« und »Ihr und eure Erfahrungen mit eurem Kind sind uns wichtig.«

Das Vertrauen in die pädagogischen Fachkräfte stärken

In unserem Beispiel wäre ein Entwicklungsgespräch, zu dem individuelle Entwicklungsbeobachtungen und ein Portfolio des Kindes herangezogen werden, hervorragend dafür geeignet, das Vertrauen von Neles Mutter in die Fachkräfte wieder aufzubauen und zu stärken. Frau Kaiser könnte sich auf diesem Weg vergewissern, dass Nele sehr wohl wahrgenommen und ihrem Wohlbefinden und ihrer Entwicklung ein großes Maß an Aufmerksamkeit geschenkt wird.

Professioneller Umgang mit Beschwerden

Ein weiterer Aspekt, der in unserem Beispiel berührt wird, ist der Umgang mit Beschwerden. Wir wissen nicht genau, was Susanne in der Beispielsituation der Mutter entgegnet hat. Am besten geeignet wäre eine Antwort wie diese gewesen: »Ich verstehe, dass Sie informiert sein wollen. Das ist jetzt wirklich nicht glücklich gelaufen. Ich werde gemeinsam mit meiner Kollegin überlegen, wie wir das verbessern können.«
Ein geregeltes Beschwerdemanagement gehört unabdingbar zur Qualitätssicherung einer Kindertageseinrichtung.

Die Perspektive der Eltern ernst nehmen

Erzieherinnen sollten stets auch die Perspektive der Eltern im Blick haben und versuchen, sich in sie einzufühlen. In unserem Beispiel war das so: Susanne hat das Anliegen der Mutter ernst genommen und es im Team zur Lösungsentwicklung eingebracht. Wenn Eltern Fragen haben, stecken dahinter oft ganz individuelle Sorgen und Unsicherheiten. Pädagogische Fachkräfte sollten einfühlsam und verantwortungsvoll damit umgehen. Auch das macht die Professionalität einer Krippenfachkraft aus.

Qualitätsvolle pädagogische Arbeit braucht geeignete Dienstpläne

Erzieherinnen brauchen für die wichtigen Aufgaben der Beobachtung und Dokumentation und auch für den Austausch unter den Kolleginnen genügend Zeit. Deshalb sollte der Dienstplan speziell dafür reservierte Zeiten ausweisen. Ebenso sollten Zeiten für Gespräche mit Eltern außer dem »Tür-und-Angel-Gespräch«, wie z.B. Entwicklungsgespräche, Beratungs- oder Konfliktgespräche gewährleistet sein. Dienstpläne müssen dahin gehend überprüft und manchmal auch neu konzipiert oder umgestaltet werden.

Weil Kinder heute in immer jüngerem Alter fremdbetreut werden und die Trennung zwischen Kindertagesstätten und Krippen immer mehr aufweicht, ergeben sich neue Anforderungen an Erzieherinnen. Zu zeigen, wie diese in der täglichen Arbeit mit Kleinstkindern praktisch umgesetzt werden können, war Ziel dieses Buches.

GRUPPENTAGEBUCH: Allgemeines

Name des Kindes	Allergien	Essenszeiten	Schlafens- zeiten	Rituale und Gewohnhei- ten (Essen, Einschlafen, Aufwachen, Wickeln)	Sonstiges

Abbildung 6:
Formular
»Gruppentagebuch:
Allgemeines«

GRUPPENTAGEBUCH: Tägliche, aktuelle Begebenheiten

Datum:

Name des Kindes	Ernährung Was? Wie viel? Wann? (Frühstück, Mittagessen, Imbiss am Nachmittag)	Wickeln (Häufigkeit und Konsistenz der Ausscheidungen)	Schlaf (Wie lange? Wie?)	Befinden/ Gemütsverfassung des Kindes	Informationen von den Eltern beim Bringen

Abbildung 7:
Formular »Gruppentagebuch: Tägliche, aktuelle Begebenheiten«

ABBILDUNGSVERZEICHNIS

Abbildung 1:
Leitfaden für das Aufnahmegespräch 26
Abbildung 2:
Formular »Fragebogen für Eltern zur Vorberei-
tung auf das Aufnahmegespräch« 27 / 28 / 29
Abbildung 3:
Einladung zum Elterngespräch nach der
Eingewöhnung 37
Abbildung 4:
Formular »Fragebogen für Eltern zur Vorberei-
tung auf das Gespräch nach der Eingewöhnung«
38 / 39

Abbildung 5:
Formular »Fragebogen zur Eigenreflexion« 46 / 47
Abbildung 6:
Formular »Gruppentagebuch: Allgemeines« 92
Abbildung 7:
Formular »Gruppentagebuch: Tägliche, aktuelle
Begebenheiten« 93

LITERATURVERZEICHNIS

Grundlagenliteratur zur Arbeit mit Kindern unter Drei:
Ostermayer, Edith (2006): *Bildung durch Bezie-
hung, Wie Erzieherinnen den Bildungs- und
Entwicklungsprozess von Kindern fördern.*
Herder, Freiburg.

Ostermayer, Edith (2007): *Unter drei – mit dabei.
Wege zu einem qualifizierten Betreuungsangebot
in der Kita.* Don Bosco, München.

Weber, Christine (Hrsg.) (2009): *Spielen und
Lernen mit 0- bis 3-Jährigen. Der entwicklungs-
zentrierte Ansatz in der Krippe.* Cornelsen Scriptor,
Berlin, Düsseldorf, Mannheim.

**Betreuung, Pflege und Erziehung von Säuglingen
und Kleinkindern:**
Gonzalez-Mena, Janet / Widmeyer Eyer, Dianne
(2008): *Säuglinge, Kleinkinder und ihre Betreuung,
Erziehung und Pflege.* Arbor-Verlag, Freiburg.

Pikler, Emmi (2009): *Friedliche Babys – zufriedene
Mütter. Pädagogische Ratschläge einer Kinderärztin.* Herder, Freiburg.

Pikler, Emmi / Tardos, Anna (2001): *Lasst mir Zeit.*
Pflaum, München.

Pikler, Emmi / Tardos, Anna u. a. (2009): *Miteinander vertraut werden.* Herder, Freiburg.

Eingewöhnung:
Andres, B. / Hédervári, É. / Laewen, H.-J. (2003):
*Die ersten Tage – ein Modell zur Eingewöhnung
in Krippe und Tagespflege.* Beltz, Weinheim, Berlin,
Basel.

Andres, B. / Hédervári, É. / Laewen, H.-J. (2006):
Ohne Eltern geht es nicht. Cornelsen Scriptor,
Berlin, Düsseldorf, Mannheim.

Entwicklungspsychologie des Kleinkindalters:
Gründler, Elisabeth C. (2008): *Rohstoff Intelligenz. Frühkindliche Bildung.* Cornelsen Scriptor, Berlin, Düsseldorf, Mannheim.

Kasten, Hartmut (2007): *Entwicklungspsychologische Grundlagen / 0–3 Jahre.* Cornelsen Scriptor, Berlin, Düsseldorf, Mannheim.

Largo, Remo H. (2003): *Babyjahre. Die frühkindliche Entwicklung aus biologischer Sicht.* Piper, München, Zürich.

Beobachtung und Dokumentation kindlicher Bildungs- und Entwicklungsprozesse:
Beller, Prof. Dr. E. K./Beller, S. (2009): *Kuno Bellers Entwicklungstabelle.* Erhältlich über www.entwicklungstabelle.de

Bostelmann, Antje (2008): *Das Portfoliokonzept für die Krippe.* Verlag an der Ruhr, Mülheim an der Ruhr.

Falk, Judit/Aly, Monika (2008): *Beobachten, Verstehen und Begleiten. Entwicklungsdiagnostik nach Pikler.* Pikler-Gesellschaft, Berlin.

Gewerkschaft Erziehung und Wissenschaft (Hrsg.) (2006): *Bildung sichtbar machen. Von der Dokumentation zum Bildungsbuch.* Verlag das Netz, Weimar, Berlin.

Groot-Wilken, Bernd (2008): *Portfolioarbeit leicht gemacht.* Cornelsen Scriptor, Berlin, Düsseldorf, Mannheim.

Jacobs, Dorothee (2006): *Kreative Dokumentation. Dokumentationsmodelle für Kindertageseinrichtungen.* Cornelsen Scriptor, Berlin, Düsseldorf, Mannheim.

Kazemi-Veisari, Erika (2004): *Kinder verstehen lernen. Wie Beobachten zu Achtung führt.* Kallmeyer, Seelze.

Koglin, Ute / Petermann, Franz / Petermann, Ulrike (2008): *Entwicklungsbeobachtung und -dokumentation.* Cornelsen Scriptor, Berlin, Düsseldorf, Mannheim.

Praxishilfen zur Entwicklungsförderung von Kleinstkindern:
Bergmann, Brigitte (2008): *Bewegung von Anfang an. Bewegungsförderung unter 3-Jähriger.* Cornelsen Scriptor, Berlin, Düsseldorf, Mannheim.

Biermann, Ingrid (2009): *Musikalische Förderung für Kleinkinder. Ideen für Krippe, Kita und Tagesmütter.* Herder, Freiburg.

Wilmes-Mielenhausen, Brigitte (2009): *Bewegungsförderung für Kleinkinder. Ideen für Krippe, Kita und Tagesmütter.* Herder, Freiburg.

Wilmes-Mielenhausen, Brigitte (2008): *Sprachförderung für Kleinkinder. Ideen für Krippe, Kita und Tagesmütter.* Herder, Freiburg.

Wilmes-Mielenhausen, Brigitte (2009): *Wahrnehmungsförderung für Kleinkinder. Ideen für Krippe, Kita und Tagesmütter.* Herder, Freiburg.

Winner, Anna (2007): *Kleinkinder ergreifen das Wort. Sprachförderung mit Kindern von 0 bis 4 Jahren.* Cornelsen Scriptor, Berlin, Düsseldorf, Mannheim.

KOMPETENZ konkret
Beispiele aus der Praxis für die Praxis

Ulrike Wehinger
Eltern beraten, begeistern, einbeziehen
Beispiele für eine lebendige Erziehungspartnerschaft
96 Seiten | Kartoniert
ISBN 978-3-451-30332-6

Gabriele Kelch
Teamkonflikte gemeinsam lösen
Beispiele aus der Kita mit praktischen Lösungshilfen
128 Seiten | Kartoniert
ISBN 978-3-451-30334-0

Claudia May
Sprache ganzheitlich fördern
Beispiele aus der Kita für alltagsbegleitende Sprachförderung
128 Seiten | Kartoniert
ISBN 978-3-451-32334-8

Die Reihe „KOMPETENZ konkret" greift chrakteristische Situationen aus dem pädagogischen Alltag beispielhaft auf und gibt konkrete Hilfen zur Problemlösung. Zahlreiche Ideen und erprobte Arbeitshilfen unterstützen das Kita-Team bei der täglichen Arbeit.

In jeder Buchhandlung oder unter www.herder.de

HERDER
Lesen ist Leben